跨境电商运营实战
(第 2 版)

新迈尔教育 主编

清华大学出版社
北京

内 容 简 介

跨境电商是我国政府支持且极具潜力的实体投资项目,是未来几年中国企业走出国门的重要渠道。本书以实操指导的方式,以适合新手入门的 eBay 和亚马逊为主要讲解平台,由浅入深地介绍跨境电商的基本概念及模式、跨境电商的理论基础及发展趋势等内容。并结合 eBay、亚马逊平台在市场状况、业务模式、运营规则与要求等方面的情况,以图文并茂的形式进行详细讲解和分析,内容包括账户注册、产品刊登与优化、国际物流选择、客户服务等各个环节,帮助读者快速开启海外掘金之路。

本书内容新颖,系统性强,理论联系实际,适合电子商务、跨境电商、国际贸易专业学生学习,也可以作为对跨境电商运营感兴趣的读者的自学用书。

本书封面贴有清华大学出版社防伪标签,无标签者不得销售。
版权所有,侵权必究。举报:010-62782989,beiqinquan@tup.tsinghua.edu.cn。

图书在版编目(CIP)数据

跨境电商运营实战/新迈尔教育主编. —2 版. —北京:清华大学出版社,2019(2020.12重印)
ISBN 978-7-302-53477-8

Ⅰ. ①跨… Ⅱ. ①新… Ⅲ. ①电子商务—运营 Ⅳ. ①F713.365.1

中国版本图书馆 CIP 数据核字(2019)第 172262 号

责任编辑:杨作梅
装帧设计:杨玉兰
责任校对:李玉茹
责任印制:沈 露

出版发行:清华大学出版社
网　　址:http://www.tup.com.cn, http://www.wqbook.com
地　　址:北京清华大学学研大厦 A 座　　　邮　编:100084
社 总 机:010-62770175　　　邮　购:010-62786544
投稿与读者服务:010-62776969, c-service@tup.tsinghua.edu.cn
质量反馈:010-62772015, zhiliang@tup.tsinghua.edu.cn

印 装 者:涿州市京南印刷厂
经　　销:全国新华书店
开　　本:170mm×240mm　　印　张:15.75　　字　数:252 千字
版　　次:2019 年 9 月第 1 版　　印　次:2020 年 12 月第 2 次印刷
定　　价:49.00 元

产品编号:084768-01

《跨境电商运营实战(第 2 版)》
教材编审委员会

策划：

新迈尔(北京)科技有限公司总裁	车云月
新迈尔(北京)科技有限公司副总裁	周贤

主编：

湖南科技职业学院商学院院长	孟迪云
河北工业职业技术学院工商管理系副主任	马明
新迈尔(北京)科技有限公司	王灵
新迈尔(北京)科技有限公司	白昀生

副主编：

湖南科技职业学院商学院副院长	李雄
河北能源职业技术学院经济管理系主任	李波
湘西民族职业技术学院	赵耀
湘西民族职业技术学院	刘亚莉

参编：

河北能源职业技术学院经济管理系	徐娜
湖南科技职业学院	于非非
湖南科技职业学院	刘丹娜
湖南科技职业学院	徐莎

前言

在习近平总书记提出"一带一路"的背景下，互联网与外贸的结合，催生了蓬勃发展的跨境电子商务。跨境电子商务是外贸发展的新模式，也是拓展海外营销渠道，实现外贸转型升级的有效途径，它将传统交易模式中的商品展示、交易双方的沟通、付款等环节数字化，实现了进出口贸易模式的更新换代，改变了传统国际贸易的经营方式。

跨境电商国内政策密集出台，国家大力支持跨境电商综合试验区建设，采取先试点、逐步推广的策略，并逐步完善税收、监管方面的制度，极大地推动了跨境电商行业快速发展。《中华人民共和国电子商务法》由中华人民共和国第十三届全国人民代表大会常务委员会第五次会议于 2018 年 8 月 31 日通过，自 2019 年 1 月 1 日起施行，其中对科学合理界定电子商务法调整对象，规范电子商务经营主体权利、责任和义务，经营行为、合同、快递物流、电子支付等，以及电子商务发展中比较典型的问题，都做了比较明确具体的规定，为电子商务健康发展奠定了法律框架。

由于我国制造业在成本及规模上具有较大的优势，出口跨境电商能帮助中国制造业更加便捷地拓展国际化市场，促进"中国制造"借助互联网的方式实现更好的转型升级，同时伴随着"一带一路"以及互联网+的趋势推动，出口电商行业发展迅速。从国家战略层面来看，以出口跨境电商振兴低迷的外贸市场，成为国家经济发展的重要手段，这一新兴产业的迅猛发展催生了巨大的人才需求，人才培养成为跨境电子商务快速发展的重中之重。

跨境电商是近年来才开始出现的新兴行业，很多从业者都是通过自学和实际的摸爬滚打中才闯出一条路的，而跨境电商需要的是具有多领域知识的复合型人才，首先得至少会一门外语，其次要懂外贸，还要熟悉电子商务的相关操作，对于这样的复合型人才企业求贤若渴。基于此，新迈尔(北京)科技有限公司教学研发中心联合企业、行业、高校专家共同开发了本书，以助力我国高校跨境电商应用型人才培养。

在跨境电商领域，比较知名的电商平台主要有亚马逊、Wish、eBay、速卖通等。本书从介绍跨境电子商务的模式和发展历程开始，重点关注跨境电商企业和平台，并主要以 eBay 和亚马逊平台为例，站在跨境电商运营的角度，详细讲解关于 eBay 和亚马逊平台的基本规则、实际操作中的技巧、做好运营的思路和方法等内容。本书从账号注册、选品、产品刊登，到店铺运营推广，再到物流、订单管理与客户服务，可以说是面面俱到，非常重视实践操作能力的培养。

以任务为导向、通过案例教学、注重实战经验传递和创意训练是本书的显著特点；激发学习者的学习兴趣，打造学习的成就感，建立对所学知识和技能的信心，是本书编者的目标。本书具有以下特点。

- 以就业为导向：根据企业岗位需求组织教学内容，就业目的非常明确。
- 以实用技能为核心：以企业实战技术为核心，确保技能的实用性。
- 以动手能力为合格目标：注重培养实践能力，以是否能够独立完成真实项目为检验学习效果的标准。

信息技术的快速发展正在不断地改变人们的生活方式，新迈尔(北京)科技有限公司也希望通过我们全体同仁和您的共同努力，让您真正掌握实用技术，变成复合型人才，能够实现高薪就业和技术改变命运的梦想，在助您成功的道路上让我们一路同行。

本书虽然经过精心的编审，但仍难免存在不足之处，希望读者朋友提出宝贵的意见，以趋完善，在使用中遇到任何问题请发邮件至 zhoux@itzpark.com，在此表示衷心感谢。

作者语
新迈尔(北京)科技有限公司

目录

- 第1章 初识跨境电商 1
  - 1.1 跨境电商的定义及其模式分类 2
    - 1.1.1 定义 2
    - 1.1.2 模式分类 3
  - 1.2 跨境电商的发展概况 13
    - 1.2.1 发展环境 13
    - 1.2.2 交易规模 15
    - 1.2.3 我国跨境电商的发展历程和趋势 18
  - 1.3 跨境电商岗位及职位能力分析 22
    - 1.3.1 跨境电商各环节概述 22
    - 1.3.2 跨境电商岗位分析 25
    - 1.3.3 跨境电商职业能力分析 26
  - 1.4 主流跨境电商 B2C 出口平台 29
    - 1.4.1 eBay：全球人民的线上拍卖、购物网站 29
    - 1.4.2 亚马逊：最"以客户为中心"的外贸平台 35
  - 本章总结 41
  - 本章作业 42

- 第2章 eBay 运营 43
  - 2.1 eBay 注册及账号风险控制 44
    - 2.1.1 注册并认证 eBay 普通账号 44
    - 2.1.2 注册并认证 PayPal 个人账号 51
    - 2.1.3 绑定 eBay 与 PayPal 账号 ... 52
    - 2.1.4 eBay 账号风险控制 52
  - 2.2 eBay 平台刊登政策和收费标准 55
    - 2.2.1 eBay 平台刊登政策 55
    - 2.2.2 eBay 平台收费标准 58
    - 2.2.3 eBay 数据加工厂——Seller Hub 62
  - 2.3 eBay 平台产品刊登 68
    - 2.3.1 刊登要求 68
    - 2.3.2 刊登步骤 70
  - 2.4 订单管理与发货 80
    - 2.4.1 订单管理 80
    - 2.4.2 eBay 认可的物流方式政策 89
  - 2.5 eBay 卖家政策标准及账号安全 93
    - 2.5.1 eBay 卖家政策标准 93
    - 2.5.2 纠纷和中差评处理 96
    - 2.5.3 买家体验报告 100
  - 本章总结 105
  - 本章作业 106

- 第3章 亚马逊平台 109
  - 3.1 亚马逊注册以及账号安全 111
    - 3.1.1 注册 111
    - 3.1.2 销售计划以及特点 124
    - 3.1.3 账号安全 125
  - 3.2 产品刊登 126
    - 3.2.1 分类审核 126
    - 3.2.2 销售佣金 128
    - 3.2.3 刊登操作 131
  - 3.3 物流配送 143
    - 3.3.1 自配送 143
    - 3.3.2 亚马逊配送 149
    - 3.3.3 FBA 头程 152
    - 3.3.4 FBA 仓储费用 158
  - 3.4 亚马逊站内推广 159
    - 3.4.1 促销 159

3.4.2 抽奖 164
3.4.3 优惠券 167
3.4.4 秒杀 169
3.4.5 亚马逊广告(CPC) 170
3.5 卖家绩效 177
3.5.1 卖家客服绩效 178
3.5.2 商品政策合规性 180
3.5.3 配送绩效 182
本章总结 184
本章作业 184

第 4 章 业务进阶 187

4.1 产品开发和市场调研 188
    4.1.1 产品开发 188
    4.1.2 市场调研与分析 189
4.2 亚马逊数据报告 195
    4.2.1 业务报告 195
    4.2.2 广告报告 197
4.3 站外引流和客户服务 201
    4.3.1 站外引流 201
    4.3.2 客户服务 203
4.4 亚马逊品牌备案 206
    4.4.1 品牌注册 206
    4.4.2 图文版品牌描述 207
    4.4.3 品牌旗舰店 209
    4.4.4 Amazon Business 215
4.5 eBay Marketing 店铺开设及促销管理工具 218
    4.5.1 开设 eBay 店铺 218
    4.5.2 eBay 店铺装修 221
    4.5.3 降价管理 Markdown 224
    4.5.4 优惠活动 Promotions 225
    4.5.5 付费推广 Promoted listings 230
本章总结 233
本章作业 234

中英文词汇表 235

参考文献 244

第 1 章
初识跨境电商

本章任务

针对本章所学的知识，了解跨境电商的定义及模式，列出跨境电商的发展历程，能够熟悉各类跨境电商平台并了解跨境电商发展趋势，探索跨境电商与传统国际贸易的区别，了解跨境电商公司及其岗位要求。

本章技能目标

- 了解跨境电商的定义、主要模式。
- 熟知第三方电商平台的特点及分类。
- 了解中国跨境电商的发展历程。
- 熟知跨境电子商务发展现状、特点及趋势。
- 深入了解 eBay、亚马逊平台的特色。

本章简介

2018 年 7 月 13 日，国务院常务会议决定推动跨境电商在更大范围的发展，在北京、呼和浩特、沈阳等 22 个城市新设一批跨境电商综合试验区。2018 年 7 月 24 日，国务院批复同意在北京等 22 个城市设立跨境电子商务综合试验区。

2018 年 9 月 28 日，财政部、税务总局、商务部、海关总署联合发布《关于跨境电子商务综合试验区零售出口货物税收政策的通知》(财税〔2018〕103 号)，明确出口电商符合条件的采取"免征不退"的模式。

2018 年 11 月 5 日，在首届中国国际进口博览会开幕式上，国家主席习近平表示要"加快跨境电子商务等新业态新模式发展"。

跨境电子商务已经进入新一轮的大创新、大发展阶段，除企业发力之外，政府在监管、服务等方面进行的政策创新无疑将为跨境电商发展提供重要助力。本章重点讲解跨境电子商务的基本理论、发展趋势及前景、跨境电子商务的特点、跨境电子商务的模式，了解目前国内外几种常用的跨境电子商务平台及相关知识。

预习作业

提前预习,带着以下任务学习本章相关资料。
- 标注出本章看不懂或存在疑惑的部分。
- 整理、记录学习中的问题。

1. 背诵英文单词

请在预习时找出下列单词在教材中的用法,了解它们的含义和发音,并填写于横线处。

(1) B2B_____
(2) B2C_____
(3) C2C_____
(4) Help & Contact_____
(5) Categories_____
(6) Product Description_____
(7) Best Match (eBay) _____
(8) Watch (eBay)_____
(9) Buy Box (Amazon)_____
(10) Best Seller Rank (Amazon) _____

2. 预习并回答以下问题

请阅读本章内容,完成以下任务。
(1) 浏览国内主要第三方 B2B/ B2C 跨境电商网站和外贸论坛。
(2) 在亚马逊平台上搜索商品(类目搜索、关键词搜索、按条件排序搜索和筛选精准搜索)。
(3) 浏览 eBay.com 平台商品描述页面的组成,并翻译商品描述页面。
(4) 比较 eBay 和亚马逊两个平台的首页结构。

1.1 跨境电商的定义及其模式分类

1.1.1 定义

跨境电子商务(Cross-Border Electronic Commerce)简称跨境电商,是指分属不同关境的交易主体,通过电子商务平台达成交易、进行支付结算,并通过跨境物流送达商品、完成交易的一种国际商业活动。

跨境电商是电子商务技术应用于进出口贸易的一种方式，将国际商务流程虚拟化、数字化和在线化。从本质上讲，跨境电子商务是以交易为核心，以互联网技术为手段，把原来线下的销售、购物嫁接到互联网上。跨境电商所涉及的工作环节包括商品引入、线上平台、线下门店、境外物流、保税仓储、报关报险、订单配送、结算结汇、营销推广及售后服务等。跨境电子商务模式发展空间广阔，既是一种创新交易模式，也激发了新型贸易业态与新兴产业。

跨境电子商务作为推动经济一体化、贸易全球化的技术基础，具有非常重要的战略意义。跨境电子商务不仅冲破了国家间的障碍，使国际贸易走向无国界贸易，同时它也正在引起世界经济贸易的巨大变革。对企业来说，跨境电子商务构建的开放、多维、立体的多边经贸合作模式，极大地拓宽了进入国际市场的路径，大大促进了多边资源的优化配置与企业间的互利共赢；对于消费者来说，跨境电子商务使他们可以非常容易地获取其他国家的信息并买到物美价廉的商品。

1.1.2 模式分类

跨境电商产业链包括供给方、需求方、第三方服务企业、跨境电商平台。

供给方主要是指商品的生产商和制造商，为整个跨境电商产业链提供商品来源。需求方主要是指商品的购买者和消费者，可以是企业、批发商、零售商，也可以是个人。第三方服务企业分为综合服务企业，物流企业，金融企业，IT、营销、代运等其他服务企业。跨境电商平台即是一个为企业或个人提供网上交易洽谈的平台。

由于跨境电子商务涉及不同的关境，贸易对象从一国起始端到另一国终端，需要经过漫长的产业链和贸易链，加之跨境电子商务呈现商品碎片化、主体碎片化的特征，其模式分类呈现多样性。

1. 按贸易方向，跨境电商可以分为出口跨境电子商务和进口跨境电子商务

跨境电商的进出口流程方向不同，但组成结构相同，以跨境电商出口的流程(见图 1.1)为例：商品供给方生产出商品，并在电商平台上展示；通过跨境电商企业平台，商品需求方获得商品的信息并进行选购，通过支付平台完成支付活动；跨境电商企业根据需求方的支付情况，将商品交付给物流企业进行投递，经过出口国和进口国的海关商检后，由物流企业送达需求方。

跨境电商企业或直接与第三方综合服务平台合作，让第三方综合服务平台代办物流、通关商检等一系列环节，从而完成整个跨境电商交易的过程。

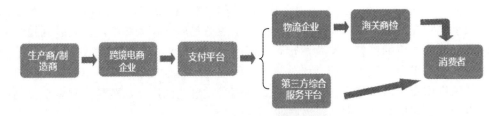

图 1.1　跨境电商出口流程

2. 按交易主体类型，跨境电商可分为 B2B (Business to Business)、B2C (Business to Customer) 和 C2C (Customer to Customer) 模式

（1）B2B 跨境电商或平台：B2B 模式，指的是企业之间的跨境电子商务模式，B 是广义的企业概念，既可以是外贸企业，也可以是生产企业，指的是传统外贸企业从线下向线上拓展，传统生产企业通过跨境电商进军国际贸易。它面对的终端客户为企业或集团客户，提供企业、产品、服务等相关信息。代表企业有敦煌网、中国制造、阿里巴巴国际站、环球资源网等。

（2）B2C 跨境电商或平台：B2C 模式，面对的终端客户为个人消费者，针对最终客户以网上零售的方式，将产品售卖给个人消费者。代表企业有全球速卖通、亚马逊(Amazon)、DX、兰亭集势、米兰网、大龙网等。

（3）C2C 跨境电商或平台：面对的终端客户为个人消费者，商家也是个人卖方。由个人卖家发布售卖的产品和服务的信息、价格等内容，个人买方进行筛选，最终通过电商平台达成交易，进行支付结算，并通过跨境物流送达商品，完成交易。其主要代表是个人在 eBay 等平台上开设的网店。

三者的区别主要体现在参与主体上，同时呈现出不同的交易特点，具体区别如表 1.1 所示。

表 1.1　跨境电子商务主要模式对比

模式	参与主体	交易特点	代表
B2B	企业与企业	大批量、小批次、集中交易	阿里巴巴国际站、中国制造网、环球资源网
B2C	企业与消费者	小批量、多批次、碎片化	亚马逊、兰亭集势、全球速卖通
C2C	消费者与消费者	小额交易	eBay

3. 按服务类型分类，跨境电商可分为信息服务平台和在线交易平台

（1）信息服务平台：主要是为境内外会员商户提供网络营销平台，传递供应商或采购商等商家的商品或服务信息，促成双方完成交易。

其主要盈利模式包括会员服务和增值服务。会员服务即卖方每年缴纳一定的会员费用后享受平台提供的各种服务，会员费是平台的主要收入来源，目前这种盈利模式市场趋向饱和。增值服务即买卖双方免费成为平台会员后，平台为买卖双方提供增值服务，主要包括竞价排名、单击付费及展位推广服务。竞价排名是信息服务平台进行增值服务最为成熟的盈利模式。

代表企业有阿里巴巴国际站、环球资源网、中国制造网、生意宝等。主要出口跨境电商 B2B 模式信息服务平台情况如表 1.2 所示。

表 1.2　主要出口跨境电商 B2B 模式信息服务平台情况

信息服务平台	阿里巴巴国际站	环球资源网	中国制造网
盈利模式	会员费、广告费	会员费、线下服务收取的增值服务费	会员费、增值服务费、认证费
主营业务	主要提供一站式的店铺装修、产品展示、营销推广、生意洽谈及店铺管理等线上服务和工具	提供网站、专业杂志、展览会等出口市场推广，以及广告创作、教育项目和网上内容管理等支持服务	提供信息发布与搜索等服务，帮助中小企业应用互联网络开展国际营销
客户对比	帮助中小企业拓展国际贸易的出口营销推广服务，向海外买家展示、推广供应商的企业和产品	面向大中华地区，多渠道 B2B 媒体公司致力于促进大中华地区的对外贸易	汇集中国企业产品，面向全球采购商、中小企业
优势	访问量最大的 B2B 网站，推广力度较强，功能较完善	电子产品有优势，在大中华区、韩国、欧美市场有优势	收费较公道，其知名度很大一部分是靠口碑相传
劣势	价格较高，实际效用与宣传有一定差距，采购商良莠不齐，客户的含金量不高	只有供应商目录查询功能，价格太高，而低价服务效果差，采购商信息采集和分类是其弱项	规模较小，在海外影响不大，在国内自身推广力度仍不足

图表编制：电子商务研究中心　　　数据来源：WWW.100EC.CN

(2) 在线交易平台：在线交易平台不仅提供企业、产品、服务等多方面信息展示，并且可以通过平台线上完成搜索、咨询、对比、下单、支付、物流、评价等全购物链环节。

在线交易平台模式正在逐渐成为跨境电商中的主流模式，其主要盈利模式包括收取佣金费以及展示费用。佣金制是在成交以后按比例收取一定的佣金，根据不同行业不同量度，通过真实交易数据可以帮助买家准确地了解卖家状况。展示费是上传产品时收取的费用，在不区分展位大小的同时，只要展示产品信息便收取费用，直接线上支付展示费用。

代表企业有亚马逊、敦煌网、速卖通、DX、米兰网、大龙网等。主要出口跨境电商B2B模式交易服务平台情况如表1.3所示。

表1.3 主要出口跨境电商B2B模式交易服务平台情况

交易型平台	DHgate.com 敦煌网	OSELL大龙网 跨境电商B2B商机平台 CROSS-BORDER E-COMMERCE OPPORTUNITY-SEEKING B2B PLATFORM 大龙网	TRADETANG.COM 易唐网
盈利模式	"梯度式"佣金费	进销差价、服务费	广告费、佣金、会员费
物流方式	EMS、UPS、DHL、TNT等	多与当地物流商合作	UPS、DHL、EMS、TNT、FedEx等
营销方式	海外采购商访问，线上线下资源整合	社交网络营销，电子邮件产品推送	多元化的媒体互动广告策划以及专业的广告推广
支付方式	近30种在线支付服务	大龙钱包、信用卡、Visa、MasterCard、JBC等	PayPal、西联汇款易唐虚拟账户、TT汇款等
产品服务	敦煌e保通，提供帮助推、数据智囊、视觉精灵、流量快车等	跨境B2B品牌集采、龙品牌、龙拍档	轻纺、电子、家居、体育、通信、车载等行业20多类，300余万种商品
销售市场	主要为北美和西欧	俄罗斯、阿联酋、越南、加拿大、波兰等	覆盖全球200多个国家的零售商、批发商以及普通消费群体
优势	具有快速、稳定的供应链和快速的搜货能力，注重品质，售后服务好	商品价格较低，跨境物流、网上支付服务好	技术领先优势，为交易双方提供了公正、透明的品质和诚信监督体系

图表编制：电子商务研究中心　　数据来源：WWW.100EC.CN

典型案例1　阿里巴巴国际站

① 平台简介。

阿里巴巴国际站于1999年正式上线，是阿里巴巴集团最早创立的业务，主要针对全球进出口贸易，是目前全球领先的跨境B2B电子商务平台，服务全世界数以千万计的采购商和供应商。阿里巴巴国际站专注服务于全球中小微企业，在这个平台上，买卖双方可以在线更高效地找到适合的彼此，并更快、更安心地达成交易。此外，阿里巴巴外贸综合服务平台提供的一站式通关、退税、物流等服务，让外贸企业在出口流通环节也变得更加便利和顺畅。

② 商业模式。

阿里巴巴国际商业模式的核心就是平台的收入模型，这个商业模式赚取的就是中小企业的广告费，平台通过会员费完成商业模式的构建，不同等级的会员费提供不同级别的服务，平台提供了两种差异化打包增值服务，其实就是广告打包销售。平台的商品包罗万象，从标准的快消品到化工原料产品都有涉及。

- 核心渠道：交易平台、广告平台、电子期刊、行业资讯网站、电商网站、外部搜索引擎、电视台、户外广告、手机客户端。
- 成本结构：IT基础设施、软件研发成本、人力资本、运营投入、广告投入。
- 收入来源：会员费收入、增值服务——标王及店铺升级、认证、看求购、搜索优先；广告收入——纸媒及互联网广告、研究报告收入、金融服务。

③ 战略布局。

作为传统的B2B服务厂商在细分市场占据一席之地，主要提供信息匹配服务，收入上还是靠会员费为主的增值服务。

- 未来大数据的基础生产中心：阿里巴巴国际站未来计划全面打通海关数据，预计将以往的一达通服务升级为除了解决基础的关税服务之外，还能提供支付、物流和金融等服务。通过优化"监管侧"内部空间，希望国家、企业和平台方都可以在同一个网络空间里协同合作，打破过去的断层式交流，行业与商品的分析数据将预测与指导行业的发展；金融交易分析数据将为阿里的金融战略做指导。
- 探索金融：目前B2B主要服务商虽相继推出贷款融资、信用保障等措施以促进在线交易及增值服务的发展，但总体还处于探索期，并未给企业带来营收上的突破。另外，全面打通海关数据还可以解决国际贸易一个很大的难点，即信用问题。如果所有清关过程可以在线上查看，可以很好地解决国际贸易信息不对称的问题。当所有数据实现可视化，可以在一定程度上增加企业的信用度，更有助于企业融资。
- 规范中小企业入驻，以"买家视角"满足需求：对于未来有意愿入驻阿里巴巴国际站的中小企业，接下来平台会对卖家进一步明确和规范经营，站在"买家视角"尽可能满足需求。

第一，海外买家需要什么服务，是需要定制化产品还是人性化制造，进而寻找相应的供应商对接。

第二，快销品生产需求，从中国到美国全境七天之内把货物送达，可以满足客户在特殊节日到来的补货和销售。

4. 按平台运营方分类，跨境电商分为第三方开放平台、自营型平台、外贸电商代运营服务商

1) 第三方开放平台

开放平台开放的内容涉及出口电商的各个环节，除了开放买家和卖家数据外，还包括开放商品、店铺、交易、物流、评价、仓储、营销推广等各环节和流程的业务，实现应用和平台系统化对接，并围绕平台建立开发者自身生态系统。开放平台更多地作为管理运营平台商存在，通过整合平台服务资源同时共享数据，为买卖双方服务，而平台以收取商家佣金以及增值服务佣金作为主要盈利模式。

代表企业有速卖通、亚马逊、eBay、Wish 等。主要出口跨境电商 B2C 模式开放平台情况如表 1.4 所示。

表 1.4 主要出口跨境电商 B2C 模式开放平台情况

开放式平台	AliExpress	amazon	eBay	wish
盈利模式	会员费和交易佣金	交易佣金为主	交易佣金为主	交易佣金为主
物流体系	第三方物流	亚马逊物流+第三方物流	第三方物流	Wish 邮
支付方式	国际支付宝、PayPal	支付宝、网上银行支付、国际标准信用卡	PayPal	PayPal、Pingpong、Payoneer
销售品类	以服装及配饰、手机通信、美容护理、珠宝手表、电脑等为主	全新、翻新及二手商品，全品类综合型	只要物品不违反法律或是在 eBay 的禁止贩售清单之内	全品类综合型，服装、母婴、3C，主要为女性用品
销售市场	以巴西、俄罗斯、乌克兰、智利(南美、东欧)为主	北美、欧洲、南美、大洋洲、亚洲(中国、日本、印度)	美国、英国、澳洲、中国、中国香港、阿根廷等	北美移动端

续表

优势	产品品类较多,用户流量大,价格相对其他平台较低	对入驻卖家要求高,品牌认同度和产品质量高且相对优于其他平台	买家资源广、品牌认可度较高、支付系统强大	首个移动端购物 App,能对用户进行精准的产品推送
劣势	产品质量难以得到保证,物流体验一般,目标地区多为新兴国家	产品质量仍不能 100%保证,商家不选用亚马逊物流,服务体验也不能得到保证	对产品掌控能力弱,售后服务质量一般	物流时效慢,规则尚不完善,假货泛滥,覆盖面小,主要针对北美地区

图表编制:电子商务研究中心　　　数据来源:WWW.100EC.CN

典型案例 2　Wish

① 公司简介。

Wish 是 2011 年成立的一家高科技独角兽公司,有 90%的卖家来自中国,也是北美和欧洲最大的移动电商平台。它使用一种优化算法大规模获取数据,并快速了解如何为每个客户提供最相关的商品。Wish 旗下共拥有六个垂直的 App:Wish、Geek、Mama、Cute、Home、Wish for Merchants。2017 年 9 月,Wish 进行新一轮 2.5 亿美元融资,估值超过 80 亿美元。截至 2017 年 8 月,Wish 平台有 33.8 万的独立注册账号(商户)。平台有 4.2 亿的注册用户,日活跃用户超过 1000 万,月活跃用户为 7000 万,活跃 SKU 达 1.5 亿个。

② 商业模式。

- 选品策略:严格把控商品发货的时效性,商户应该拥有稳定货源的商品;参考热门收藏品;明确公司或店铺的定位,选择相应的商品;了解目标客户群的需求,有的放矢。
- 产品与服务:利用 baynote、barrillance、bunting、richelevance、monetate、ibm product recommendations、adobe target 等有效的产品推荐工具创造自己的个性化服务。
- 盈利模式:主要收入来源为每次交易的佣金,目前收费是交易额的 15%(即产品和运费的总和的 15%),商家入驻 Wish 不收取平台费,也不需要缴纳保证金、押金,更不用交推广费用。商家上传产品后,Wish App 会根据产品进行定向推送。

- 技术模式：Wish 淡化了品类浏览和搜索，去掉促销，专注于关联推荐。优势在于 Wish 能通过智能化推荐技术，与用户保持一种无形的互动，从而极大地增强用户的黏性。此外，Wish 跟 Wanelo 等社交导购网站一样，能够为用户推荐商品，也与 Pinterest 的社交网站一样，以一种瀑布流的方式为用户展示精美图片。
- 经营模式：Wish 的优势在于技术，智能推送算法技术完全运用到电商中，采用本土化的网站建设方式，针对不同国家采用当地的语言，简易可读。网站门槛低，以免费的方式吸引卖家注册用户，成为会员，汇聚商流，活跃市场，创造了商机。

③ 业务推广。

Wish 鼓励用户通过社交媒体注册：鼓励新用户使用 Facebook 和 Google+等社交媒体账户与站点互动，这样 Wish 就能根据用户的兴趣向其展示产品，专注于社交媒体也使得 Wish 保持顾客和客户的透明度。

Wish 专注于核心产品：由于 Wish 采用的是移动技术，因此公司在用户界面及移动应用程序方面花费了大量心思，将资源集中投入于核心平台的改进工作，而不是分散关注多个不同的收入流。

Wish 将社交媒体与购物相结合：Wish 应用程序本身就像是一个社交媒体站点，用户可以相互关注，查看彼此喜欢的产品和交换 Wish 清单。

Wish 乐于帮助消费者省钱：与其他电子商务应用程序和网站不同的是，大部分商品直接打 3～5 折，顾客不需要花费时间找优惠券，也不需要等店内促销，就能以优惠的价格买到他们喜欢的产品。

2) 自营型平台

自营型电商通过在线上搭建平台，平台对其经营的产品进行统一生产或采购、产品展示、在线交易，并通过物流配送将产品投放到最终消费者群体。自营平台通过量身定做符合自我品牌诉求和消费者需要的采购标准，来引入、管理和销售各类品牌的商品，以可靠品牌为支撑点凸显自身品牌的可靠性。自营平台在商品的引入、分类、展示、交易、物流配送、售后保障等整个交易流程各个重点环节管理均发力布局，通过互联网 IT 系统管理、建设大型仓储物流体系实现对全部交易流程的实时管理。

自营型平台主要以商品差价作为盈利模式。

代表企业有兰亭集势、米兰网、大龙网、炽昂科技、FocalPrice 等。主要出口跨境电商 B2C 模式自营平台情况如表 1.5 所示。

表 1.5 主要出口跨境电商 B2C 模式自营平台情况

自营式平台	环球易购	兰亭集势	DX
盈利模式	赚取进销差价	赚取进销差价	赚取进销差价
物流体系	第三方物流	第三方物流	第三方物流
运营模式	以自营为主	以自营为主	以自营为主
销售市场	200 多个国家和地区	主要为西欧和北美地区	主要为俄罗斯、巴西等新兴市场
销售品类	专注服装、3C 类	综合类	综合类
供应链	超过 1000 个供应商	超过 1000 个供应商	主要为珠三角地区
采购模式	买断式	买断式	买断式
网络营销	通过搜索引擎、展示广告、联盟广告、邮件营销以及社会化营销推广方式	主要通过搜索引擎推广，方式较为单一	通过搜索引擎、社会化媒体、论坛营销等推广方式
优势	精准定位优势、流量优势、多维立体营销优势、移动端先发布局优势	品类丰富、供应链管理效率高、网站推广力度大	外贸电商先行者优势、新兴市场优势、社会化营销能力强

图表编制：电子商务研究中心　　数据来源：WWW.100EC.CN

典型案例 3　海翼股份

① 公司简介。

海翼股份成立于 2011 年 12 月，2016 年 6 月完成股改，9 月正式挂牌新三板，12 月完成首笔融资，获得由 IDG 领投的 3.27 亿元，2017 年 7 月完成第二笔融资，企业估值达到了 46 亿元。公司目前员工约 700 人，专业从事智能移动周边产品、智能生活周边产品及计算机周边产品的研发和销售，产品主要围绕移动通信设备、智能设备的充电和数据传输等领域。公司旗下品牌 Anker 已经成为美国、欧洲、日本线上销售市场份额第一的智能配件品牌，位列 Amazon 全球品牌卖家排行榜第一，并继续开拓线下市场，至今已畅销海内外 100 多个国家和地区，吸引超过 3000 万用户，在国际上塑造了中国数码配件品牌的良好声誉。

② 商业模式。

- 公司产品主要采用"自主品牌研发设计+外协加工生产"模式。根据前端市场需求确定设计方案，经考察、甄选，与外协单位签订订购单。外协单位根据公司要求采购原材料并进行工艺加工，产成品经公司质检部门检测合格后进行入库及发货。
- 定价机制：首先，根据市场同类工艺加工费的一般价格进行同类外协厂商报价对比筛选；其次，对整机的材料、部件进行专业成本评估；最后，对产品利润率进行行业调查后，与外协厂商协商确认外协生产价格。
- 质量管控：公司定期对外协厂进行资质评估，包括品质、交付、成本三方面的考核，公司专门职能部门人员对外协厂进行现场检查，对现场工艺、设备精度、量具、人员流动性等全流程进行管理等。
- 外协加工模式优势巨大：由于公司掌握了产品设计及满足市场需求的解决方案等核心竞争力，外协单位不存在拥有专有设计、技术工艺的情形；此外，因为电池、充电器、数据线等消费电子产品加工市场竞争激烈、供应充足，公司议价能力较好，因此不存在对单个特定外协厂商的依赖。

③ 销售渠道。

- 线上 B2C 业务：公司线上 B2C 业务约占总业务的 70%，主要面对欧美市场，以 Amazon 渠道为主。主要是海外 B2C 渠道。公司深耕 Amazon，是 Amazon 全球最大的第三方卖家之一。Amazon 的运作基本依照第三方独立卖家模式操作，即公司自主管理产品、价格、库存等核心运营项目。同时，公司也以第三方卖家身份在 eBay 等 B2C 平台上直接销售给海外消费者。其次是国内 B2C 渠道，公司在国内的 B2C 线上销售平台以京东、天猫为主，产品以 Anker 品牌充电类产品为主。
- 线下批发业务：公司线下业务约占总业务的 30%，通过线下渠道拓展布局全球营销网络。线下业务主要包括线下批发业务和线下直销业务。直销即直接面对企业客户为其提供 Anker 产品和服务。在线下批发业务中，公司针对不同市场设立销售团队专门化经营，线下批发客户主要包括以下几类。

a. 区域经销商：负责 Anker 产品在特定区域的市场开拓、再分销和零售业务。

b. 连锁卖场和超市：以专业的 3C 卖场为主，如美国 WalMart、Staples、BestBuy、RadioShack 等。

c. 专业销售渠道：以移动运营商为主，提供定制版的产品并在其终端店面进行销售，如日本的 KDDI、Softbank 等。

3) 外贸电商代运营服务商

服务提供商能够提供一站式电子商务解决方案,并能帮助外贸企业建立定制的个性化电子商务平台,盈利模式是赚取企业支付的服务费用。服务提供商不直接或间接参与电子商务的买卖过程,而是为从事跨境外贸电商的中小企业提供不同的服务模块。

代表企业有四海商舟(Biz Ark)、锐意企创 (Enterprising & Creative)等。

1.2 跨境电商的发展概况

1.2.1 发展环境

1. 政策环境

1) 国际政策差异化为跨境电商带来新机遇和新挑战

分析:发达国家发展跨境电商的利好政策和战略给中国跨境电商企业带来了巨大的发展机遇,同时也为国内探索跨境电商新模式提供了动力;而新兴国家的轻工业不发达正好与中国制造的产业特征互补,选择新兴目标市场是中国企业发展跨境电商的新商机。

2) 跨境电商国内政策密集出台,行业格局初定

2017 年 1 月国务院发布《关于同意在天津等 12 个城市设立跨境电子商务综合试验区的批复》等。2017 年国家大力支持跨境电商综合试验区建设,将跨境电商监督过渡期政策延长一年,政策采取先试点、逐步推广的策略,并逐步完善税收、监督方面的制度,极大地推动了跨境电商行业快速发展。

《中华人民共和国电子商务法》已由中华人民共和国第十三届全国人民代表大会常务委员会第五次会议于 2018 年 8 月 31 日通过,一共 89 条,于 2019 年 1 月 1 日起施行。其中对科学合理界定电子商务法调整对象,规范电子商务经营主体权利、责任和义务,完善电子商务交易与服务,强化电子商务交易保障,促进和规范跨境电子商务发展,加强监督管理,实现社会共治等若干重大问题进行了合理规定。

分析:从国家战略层面来看,以出口跨境电商振兴低迷的外贸市场,成为国家经济发展的重要手段。尤其以"一带一路"实施的必然性,以税收、支付、通关、海外仓等方面的优化,为出口跨境电商提供了更加便利的条件。出口跨境电商作为近年来多项政策的受益者且伴随着"一带一路"以及互联网+的趋势,成功实现快速发展,未来有望出台更多有利于出口跨境电商的政策,出口跨境电商将继续其快速发展的势头。

2. 经济环境

1) 中国跨境电商发展势头正盛，出口仍占主导地位

据电子商务研究中心监测数据显示，2017年中国跨境电商交易额达8.2万亿元，同比增长22.3%。从数据来看，交易规模逐年增加，增速较为平稳。我国跨境电商进出口结构仍以出口为主，出口电商占比长期高于进口电商比例，但进口占比也在逐年攀升。

分析：中国跨境电商发展目前仍以出口为主，进口为辅。国家近年来实施"互联网+外贸"的战略力促跨境电商发展，更多旨在扶持传统外贸企业借助互联网的渠道实现转型升级。

跨境电商一直逆势快速增长，2012—2017年共增长超过300%，未来将占据更加重要的地位，有着巨大的市场潜力和生命力。随着"一带一路"倡议和全球经贸一体化的深度融合，跨境电商作为依附于互联网发展的国际贸易新形式，呈现出了巨大的发展潜力。

2) 中国外贸发展环境好过于往年，但未来形势依然严峻复杂

据海关总署数据显示，2017年中国出口总额达15.33亿元，同比增长10.8%。近八年出口增速逐年下降，出口总额呈现先上升后平稳波动，中国出口总额在近几年出现降低，而后在2017年有所回升。

分析：近年来，我国出口总额大幅度增加，之后受国内劳动力成本上升、人民币升值、国际市场需求持续低迷等因素影响，贸易成本不断攀升，出口增速明显放缓。此外反全球化、国际贸易保护保守会对中国外贸出口有一定的影响，特别是美国的特朗普政府，同时因为贸易保护带来的贸易摩擦在2017年更加明显，这些都会对中国的传统外贸带来一些压力和冲击。未来靠传统外贸优势生存和发展的企业会越来越难，而具备新优势特别是互联网+新优势的新外贸企业发展会更加迅猛，强者越强，低端的加速被淘汰。

3. 技术环境

1) 互联网是跨境电商发展成熟的"催化剂"

互联网的发展加速了跨境电商的崛起，我国出口跨境电商的发展与当前中小型企业信息化普及化程度密切关联。当前，全球网民人数已达41.57亿人，互联网普及率达54.4%，全球网民总数还将进一步增加，近年来一直保持平稳上升趋势。

分析：跨境电商业务伴随着互联网行业一同发展，是互联网企业拓展国际市场的重要落脚点，互联网对于出口企业的助力作用越来越明显。目前处于快速发展、转型升级阶段，发展前景广阔。近年来，发展较快，全球网民规模的扩大刺激了我国跨境电商出口快速增长。对于跨境电商平台而言，大数据的应用已经将平台所具有的提供信息撮合和交易达成的基本功能进行了技术升级，从而引起平台的商业模式变革。

2) 新技术有望开辟数字经济下跨境电商新道路

2017年年底,"区块链"一词被炒得热火朝天。未来区块链技术和云计算、大数据、供应链金融等新技术的运用有望改变消费者个体行为,改变我们行业生态的环境,为跨境电商创造新的商业环境。

分析:降低成本是跨境电商必须兼顾的重要问题之一,信息不对称增加了消费者的交易成本,在一定程度上限制了跨境电商的蓬勃发展。区块链技术代表着更低的交易成本和更快捷的支付方式,区块链的不可篡改性有助于减少商业欺诈,以保证消费者得到最优质的服务体验。

1.2.2 交易规模

1. 出口跨境电商交易规模

据电子商务研究中心(100EC.CN)监测数据显示,2017年中国出口跨境电商交易规模为6.3万亿元,同比增长14.5%,如图1.2所示。

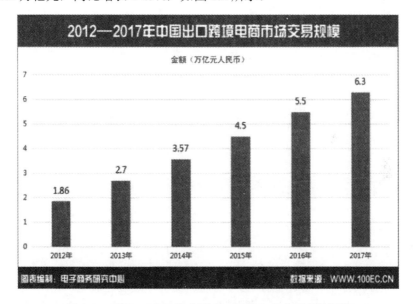

图1.2 2012—2017年中国出口跨境电商市场交易规模

数据解读:

(1) 受政策扶持、行业发展环境的逐步完善,2017年中国出口跨境电商取得了长足的发展。在传统外贸转型升级的过程中扮演着重要的角色,跨境电商占进出口总值比例逐步提高。

(2) 中国是世界上重要的产品出口大国,在整体出口总量相较稳定的情况下,出口跨境电商逐步取代了一般贸易,成长性良好。跨境出口电商的高速增长源于:采用电商方式对传统一般贸易方式的替代,电商对传统线下零售的取代,产品更具性价比、便利度提升后引致的新增消费需求。

(3) 出口电商面向全球 200 余个国家,70 亿消费者。既有美国、英国等发达国家,又有巴西、印度等发展中国家。从消费者总量、区域、整体市场上都比国内电商市场更为广阔。

2. 出口跨境 B2B 交易规模

据电子商务研究中心(100EC.CN)监测数据显示,2017 年中国出口跨境电商中 B2B 市场交易规模为 5.1 万亿元,同比增长 13.3%,如图 1.3 所示。

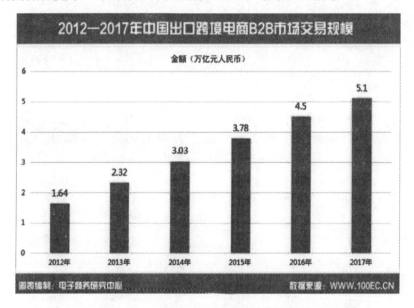

图 1.3　2012—2017 年中国出口跨境电商 B2B 市场交易规模

数据解读:

(1) 2017 年主流出口跨境电商 B2B 平台发展的重点是由信息撮合型平台转为交易型平台,即提供完善的 B2B 线上支付功能和交易保障,已取得一定进展。

(2) 外贸新时代下催生新的贸易模式,在向新贸易转型的过程中,跨境 B2B 电商平台将扮演越来越重要的角色。平台将在全球贸易参与者中快速渗透,促使更多有贸易需求的买家和跨境供应实力的供应商在平台上交易,并将更好地承接碎片化、高频的贸易订单。

(3) 随着消费互联网向产业互联网转型,一般贸易线上化,交易服务平台化也成为未来发展方向,大额贸易进入电商领域趋势明显。

3. 出口跨境网络零售交易规模

据电子商务研究中心(100EC.CN)监测数据显示,2017 年中国出口跨境电商网络零售市场交易规模为 1.2 万亿元,同比增长 21.2%,如图 1.4 所示。

图 1.4　2012—2017 年中国出口跨境电商网络零售市场交易规模

数据解读:

(1) 2017 年,出口跨境网络零售市场继续快速发展,行业规模越大,其对于产品供应链和物流的整合力度越强,例如可以更加快速地提供品类丰富的商品、物流成本更低等,这正是出口 B2C 电商最核心的优势所在。

(2) 随着生活水平提高、中产阶级崛起、消费观念改变、出境人数攀升等因素,中国消费者的跨境消费需求持续增加。然而传统的跨境购物方式存在诸多痛点,难以完全满足用户的需求。

(3) 国内电商生态链赋予"走出去"优势。在阿里全球速卖通、天猫出海、京东售全球等领先企业的推动下,我国电商行业以大数据辅助供应链选品,并具备全球领先的营销、运营能力,跨境出口搭建"网上丝绸之路"惠通全球。

4. 出口 B2B 与网络零售占比情况

据电子商务研究中心(100EC.CN)监测数据显示,2017 年中国出口跨境电商 B2B 与网上零售占比情况为 B2B 占 80.9%,网上零售占 19.1%,如图 1.5 所示。

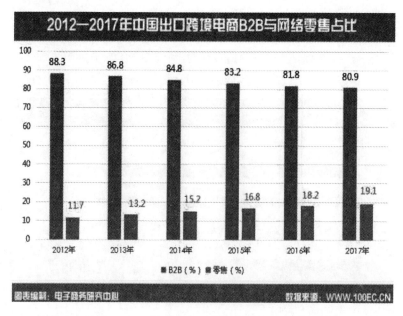

图 1.5　2012—2017 年中国出口跨境电商 B2B 与网络零售占比

数据解读：

(1) 从业务模式来看，B2B 仍旧是当前业务的主导模式，原因是传统贸易下我国生产商未能塑造出自身品牌的国际影响力，而更多的是以国际品牌代工厂的身份出现，但随着互联网、电子商务的发展以及产品质量和服务的提升，国外消费者对国内品牌的认可度逐步提高。

(2) 跨境电商积极的营销策略，未来 B2C 份额有望得到进一步提高。由于 B2B 交易量级较大且订单比较稳定，在可预见的未来仍然是中国企业开拓海外市场最重要的模式。

1.2.3　我国跨境电商的发展历程和趋势

1. 我国跨境电商发展历程

1999 年阿里巴巴实现用互联网连接中国供应商与海外买家后，中国对外出口贸易就实现了互联网化。在此之后，共经历了三个阶段，实现从信息服务，到在线交易、全产业链服务的跨境电商产业转型。

1) 跨境电商 1.0 阶段(1999—2003)

跨境电商 1.0 时代的主要商业模式是网上展示、线下交易的外贸信息服务模式。跨境电商 1.0 阶段第三方平台主要的功能是为企业信息以及产品提供网络展示平台，并不在网络上涉及任何交易环节。此时的盈利模式主要是通过向进行信息展示的企业收取会员费(如年服务费)。在跨境电商 1.0 阶段的发展过程中,也逐渐衍生出竞价推广、咨询服务等为供应商提供一条龙的信息流增值服务。

在跨境电商 1.0 阶段中,阿里巴巴国际站平台以及环球资源网为典型代表平台。其中,阿里巴巴成立于 1999 年,以网络信息服务为主、线下会议交易为辅,是中国最大的外贸信息黄页平台之一。环球资源网 1971 年成立,前身为 Asian Source,是亚洲较早的提供贸易市场资讯者,并于 2000 年 4 月 28 日在纳斯达克证券交易所上市,股权代码为 GSOL。

在此期间还出现了中国制造网、韩国 EC21 网、Kellysearch 等大量以供需信息交易为主的跨境电商平台。跨境电商 1.0 阶段虽然通过互联网解决了中国贸易信息面向世界买家的难题,但是依然无法完成在线交易,对于外贸电商产业链的整合仅完成了信息流整合环节。

2) 跨境电商 2.0 阶段(2004—2012)

2004 年,随着敦煌网的上线,跨境电商 2.0 阶段来临。这个阶段,跨境电商平台开始摆脱纯信息黄页的展示行为,将线下交易、支付、物流等流程实现电子化,逐步实现在线交易平台。

相比于第一阶段,跨境电商 2.0 更能体现电子商务的本质,借助于电子商务平台,通过服务、资源整合有效打通上下游供应链,包括 B2B(平台对企业小额交易)平台模式以及 B2C(平台对用户)平台模式两种模式。跨境电商 2.0 阶段,B2B 平台模式为跨境电商主流模式,通过直接对接中小企业商户实现产业链的进一步缩短,提升商品销售利润空间。2011 年敦煌网宣布实现盈利,2012 年持续盈利。

在跨境电商 2.0 阶段,第三方平台实现了营收的多元化,同时实现后向收费模式,将"会员收费"改以收取交易佣金为主,即按成交效果来收取百分点佣金,同时还通过平台上营销推广、支付服务、物流服务等获得增值收益。

3) 跨境电商 3.0 阶段(2013—至今)

2013 年成为跨境电商重要转型年,跨境电商全产业链都出现了商业模式的变化。随着跨境电商的转型,跨境电商 3.0 "大时代"随之到来。

首先,跨境电商 3.0 具有大型工厂上线、B 类买家成规模、中大额订单比例提升、大型服务商加入和移动用户量爆发五方面特征。与此同时,跨境电商 3.0 服务全面升级,平台承载能力更强,全产业链服务在线化也是 3.0 时代的重要特征。

在跨境电商 3.0 阶段,用户群体由草根创业向工厂、外贸公司转变,且具有极强的生产设计管理能力。平台销售产品由网商、二手货源向一手货源好产品转变。

对于 3.0 阶段的主要卖家群体正处于从传统外贸业务向跨境电商业务艰难转型的时期,生产模式由大生产线向柔性制造转变,对代运营和产业链配套服务需求较高。另外,3.0 阶段的主要平台模式也由 C2C、B2C 向 B2B、M2B 模式转变,批发商买家的中大额交易成为平台的主要订单。

跨境电商行业可以快速发展到 3.0 阶段，主要得益于以下几个方面。

首先，得益于中央及各地政府的高度重视。在中央及各地政府大力推动的同时，跨境电商行业的规范和优惠政策也相继出台。如《关于跨境贸易电子商务进出境货物、物品有关监管事宜的公告》(海关总署 2014 年第 56 号)、《关于进一步促进电子商务健康快速发展有关工作的通知》(发改办高技〔2013〕894 号)、《关于促进电子商务健康快速发展有关工作的通知》(发改办高技〔2012〕226 号)、《关于开展国家电子商务示范城市创建工作的指导意见》(发改高技〔2011〕463 号)等多项与跨境电商相关政策的出台，在规范跨境电商行业市场的同时，也让跨境电商企业开展跨境电商业务得到了保障。

其次，在海外市场，B2B 在线采购已占据半壁江山。有相关数据指出，在美国，B2B 在线交易额达 5590 亿美元，是 B2C 交易额的 2.5 倍。在采购商方面，59%的采购商以在线采购为主，27%的采购商月平均在线采购 5000 美元，50%的供货商努力让买家从线下转移到线上，提升利润和竞争力。

最后，移动电商的快速发展也促进了跨境电商 3.0 阶段的快速到来。2013 年，智能手机用户占全球人口 22%，首次超过 PC 比例，智能手机达 14 亿台。同时，另据公开的统计数据，2018 年圣诞购物季使用移动端进行购物的用户占比达 50%。在美国比价网站 PriceGrabber 调查中显示，2018 年感恩节购物季，40%的消费者会在进商场前进行网上比价，50%的消费者在商场会使用智能手机进行网上比价。

移动电商的快速发展得益于大屏智能手机和 WiFi 网络环境的改善，使用户移动购物体验获得较大提高，用户移动购物习惯逐渐形成。另外，电商企业在移动端的积极推广和价格战促销等活动都进一步促进移动购物市场交易规模大幅增长，方便、快捷的移动跨境电商也为传统规模型外贸企业带来了新的商机。

2. 发展趋势

1) 跨境电商发展趋势

(1) 新兴市场成必争之地。

随着新兴市场的网络普及率逐渐提升、跨境电商政策逐渐放开、消费者购买力提升，这些都有望成为我国出口跨境电商的一个潜在订单增长点。

- 欧美主流市场依旧是行业发展的主力，新兴市场发展速度远远高于欧美。印度市场比较封闭，但十几亿的人口，未来市场容量很大。俄罗斯市场较为成熟，全球速卖通布局较早，牢牢地占据了老大地位。
- 目前我国出口跨境电商企业的目标市场集中在欧美等发达地区，拉美地区是近年来跨境电商增速最快的地区，紧随其后的是亚太、中东和非洲等地区。

(2) 资本化/品牌化进程加快。

从现在的出口跨境电商发展现状来看，在整体经济下滑、传统贸易下滑的大背景下，跨境电商却风景独好，从一级市场迈入二级市场是未来的趋势。
- 不少头部企业 Pre-IPO 已经结束，接下来是找二级市场的标的谈判了。
- "中国制造"已处在转型边缘，中国亟待从制造业价值链底层向上游发展，逐步淘汰低质伪劣产品。随着出口跨境电商的不断成熟，国内品牌卖家正迎来一个提升产品、创立品牌的绝佳机遇。

(3) "数据+生态"驱动明显。

未来跨境电商将以数据为依托，提高电商企业的成本效率，提高跨境电商运营的精确程度，"数据+生态"双轮驱动是跨境电商发展的未来。
- 数据及生态为底层基础的出口跨境电商将是实现传统外贸转型升级的强大驱动力。未来基于数据和生态建立的新型外贸，将为出口企业带来真正的竞争力。
- "精细化运营时代"也是在互联网+的大势下对跨境消费者体验深耕细作的时代，数据是互联网的根本，网络也就是数据。

(4) 本地化服务是大势所趋。

随着亚马逊、谷歌等大公司的逐步进入，势必会给当地的经营者带来更多的机会，本地化是跨境电商成功的一个要素，也是一个发展的趋势。
- 出口跨境电商在线上发展速度较快，未来应更多地"沉下来"，做好线下布局，推动本地化服务和跨境全渠道经营方向的转变。
- 国家政策明确支持企业海外拓展，建立海外仓、展示中心，跨境出口业务接下来的机会在于全渠道的部署，产业对接不仅要透过线上，还要深入线下。

2) 出口跨境电商发展趋势

出口电商升温倒逼"中国制造"转型升级：出口跨境电商是我国当前主体，由于我国制造业在成本及规模上具有较高优势，同时受到"一带一路"倡议及资本市场的推动，出口电商行业发展迅速，而越来越多的传统外贸企业加快触网力度，出口电商能够帮助中国制造业更加便捷地拓展国际化市场，促进"中国制造"互联网的方式实现更好的转型升级。

根据电子商务研究中心发布的《2018(上)中国跨境电商市场数据监测报告》，出口跨境电商发展趋势有三方面。

(1) "烧钱"成为跨境出口电商发展的必然趋势。

当前阶段下电商处于规模快速发展期，为了提高知名度、销售量，迅速抢占海外市场份额，需要大规模库存支持，"烧钱"成为必然趋势。从我国主要的自营型跨境电商平台来看，随着库存的大规模提升，经营性现金流为负已经成为行业的普遍现象。

(2) 提高转化率成为企业发展核心。

随着电商达到一定规模后，流量的快速增长最终会停止，而提高流量转换率将成为一个电商企业保持长期发展的决定性因素。提高流量转换率的主要因素包括：提升 SKU 数量，满足更多需求；改善流量结构，提高直接流量；绑定老用户，提升重复购买率等。

(3) 从无牌到有牌，品牌出海已成共识。

出口跨境电商经过多年的孕育和发展，已经让很多工厂型的跨境卖家意识到了培养品牌的重要性，他们开始从后端走向前台，开始构建自身的海外销售渠道，试图改变传统的 OEM 贴牌模式，在扩大出口交易额的同时构建起独特的竞争壁垒，建立海外客户对自身品牌的认知。

1.3 跨境电商岗位及职位能力分析

1.3.1 跨境电商各环节概述

1. 跨境电商的参与主体

中国出口跨境电商产业链图谱如图 1.6 所示。

图 1.6 中国出口跨境电商产业链图谱

(1) 自建网站或通过第三方平台进行跨境电商经营的企业。

这类主体又可以分为四种类型：拟涉足线上业务的传统外贸企业；拟向跨境业务发展的国内电子商务企业；以内贸为主的传统制造业企业；新创业的中小微企业。

(2) 从事跨境电子商务活动的个人。

这一类主体往往只经过平台注册，采用身份证、邮箱或营业执照等作为注册核实依据。

(3) 跨境电子商务的第三方平台(含信息平台、交易平台、外贸综合服务)。
(4) 跨境电子商务的通关服务、管理平台。
(5) 海关、保税区域的监管区域经营者。
(6) 物流企业。
(7) 支付企业和银行。

2. 跨境电商的业务流程

跨境电商的业务流程如图 1.7 所示。

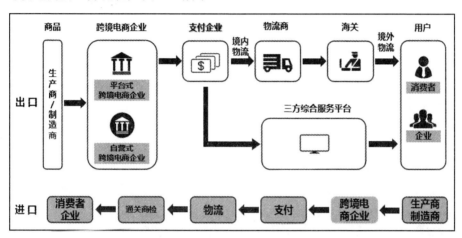

图 1.7 跨境电商的业务流程

与传统国际贸易相比，跨境电子商务具有突出优势，例如突破了传统地理范围的限制、受贸易保护影响较小、涉及中间商少、利润率高等。但也存在一些缺陷，如明显的通关、结汇和退税障碍，贸易争端处理不完善等。两种贸易方式的差异主要体现在以下几方面，如表 1.6 所示。

1) 交易主体差异

传统国际贸易的交易主体通常是企业对企业，双方面对面进行直接接触；跨境电子商务借助互联网，交易主体更加广泛，包括企业对企业、企业对个人、个人对个人，有时也包括政府部门等。

2) 交易环节差异

传统外贸出口渠道的一般形式为：国内制造商—出口商—进口商—零售商—消费者。传统国际贸易的信息获取、资金流通和货物运输通常相互分离，交易环节较为复杂，所涉中间商比较多，因而其贸易周期较长、利润率也较低；而跨境电商作为基于互联网的运营模式，打破了外贸出口必须依赖中间商这一束缚，使得企业可以直接面对个体批发商、零售商，甚至是消费者，因此省去很多传统跨境贸易中间环节，而直接延伸到零售环节，从而有效减少了贸易环节，价值链相应缩短，交易渠道更加扁平化。

3) 运营成本差异

在传统国际贸易方式下，人员需要大量外出谈判和参展活动，同时需要在各国设立分支机构，运营成本较高；跨境电商可以利用网络采用智能化管理模式，同时开展网络营销和预售活动，能够帮助品牌扩大总需求和测试市场反应，进而缩短产品开发周期，降低生产采购成本和物流仓储成本，提高营运资金的周转效率。

4) 订单类型差异

在传统国际贸易方式下，订单数量较大且集中，订单周期相对较长；跨境电子商务借助互联网则能够实时采购、按需采购，通常订单批量小、订单周期比较短。

5) 贸易产品差异

传统国际贸易的贸易产品比较固定，产品类目比较少，同时更新速度比较慢；跨境电子商务比传统贸易方式下的产品类目更多、更新速度更快。企业可以借助互联网直接面对消费者，建立海量商品信息库，实行个性化广告推送，以口碑聚集消费需求。由于掌握更多消费者数据，跨境电子商务企业更能设计和生产出差异化、定制化的产品。

6) 争端处理差异

传统国际贸易的支付方式较为常见，因而其支付流程比较完善，也具备健全的争端处理机制；跨境电子商务一般具有专门的第三方支付平台，小额量大的跨境电子交易日益频繁，传统的争端解决机制包括法院提起诉讼、网上调解、网上仲裁等不适合处理这类小额量大的跨境电商争议，加之跨境电子商务的发展历程较短，完善的争端处理机制还未形成。

7) 通关结汇差异

传统国际贸易按照传统国际贸易程序进行交易，可以享受正常的通关、结汇和退税政策；跨境电子商务在通关方面速度较慢或受到更多限制，除个别试点城市外，无法享受退税和结汇政策。

表 1.6 跨境电商与传统国际贸易对比

差异	传统国际贸易	跨境电子商务
交易主体	企业-企业	企业-企业、企业-个人、个人-个人
交易环节	复杂(生产商-贸易商-进口商-批发商-零售商-消费者)，涉及中间商众多	简单(生产商-零售商-消费者或生产商-消费者)，涉及中间商较少
运营成本	运营成本高	运营成本低
订单类型	大批量、少批次、订单集中、周期长	小批量、多批次、订单分散、周期相对较短

续表

差异	传统国际贸易	跨境电子商务
贸易产品	类目少、更新速度慢	类目多、更新速度快
争端处理	完善	有待完善
通关结汇	按传统国际贸易程序，可以享受正常通关、结汇和退税政策	通关缓慢或有一定限制，无法享受退税和结汇政策(个别城市已尝试解决)
规模、速度	市场规模大但受地域限制，增长速度相对缓慢	面向全球市场，规模大，增长速度快

1.3.2　跨境电商岗位分析

跨境电商的业务与技术岗位一般称为跨境电商专员，概括起来有三大工作任务：业务运营、客户服务和网店维护与管理。

(1) 业务运营。业务运营包括网店注册、选品、成本核算和定价、铺货上架、产品的优化、推广、采购、安排物流等。

(2) 客户服务。通过与客户沟通，建立良好合作关系，解决问题，完成销售。其具体包括在线客服咨询，处理客户反馈，售前、售中和售后服务，上传订单物流状态，订单处理，及时回款等。

(3) 网店维护与管理。包括店面布置、产品图像处理、产品画册的制作、网站网店建设与维护、数据分析、客户管理系统、订单管理系统和采购仓储系统等。

B2B 公司核心岗位及主要职责如表 1.7 所示。

表 1.7　B2B 公司核心岗位及主要职责

核心岗位名称	主要职责
建站与后台维护	搭建网站框架：能搭建网站主页面、自定义页面、滚动页面及增加的栏目； 熟悉后台功能：能够熟练地上传产品，熟练地使用数据管家； 掌握关键词的使用：熟悉客户的搜索习惯，能够提炼关键词，并在后台对关键词的热搜度进行验证； 编辑图片：能够熟练地上传橱窗图片，用图片完美地展示商品； 产品描述：能清晰、简洁地描述产品的特征、功能、技术、价格、竞争优势
询盘转换订单	分析客户信息，清楚地了解询盘内容； 判断客户询盘的目的以及对产品价格的态度； 策划合理的活动，积极促使询盘转化为订单； 对客户的回信做出积极回复，以完善的沟通与客户建立信任

续表

核心岗位名称	主要职责
订单操作与单证	包括确认样品、物流方式、支付方式、交易时间、交货地点等,并做好后期客户的跟进与服务
生产安排与跟单管理	在产品生产前核对原材料;跟踪生产过程以及每个时间段的进度;确保产品的生产技术以及质量符合要求;保证正常包装出运

1.3.3 跨境电商职业能力分析

1. 跨境电商人才需求现状

跨境电商属于一种交叉性学科,既有国际贸易的特点,又有电子商务的特点。跨境电子商务人才,是指具备一定外语能力、电子商务技能和外贸业务知识,了解海外客户网络购物的消费理念和文化,掌握跨境电子商务平台的营销技巧,从事跨境贸易和电子商务的复合型人才。现行电子商务人才大致归为三种类型:初级(技术型)、中级(商务型)、高级(战略管理型)。整合国际贸易、商务英语、市场营销等专业核心课程,结合跨境电子商务人才应具备的各项能力素质,首先必不可少的是增设电子商务课程和完善国际贸易、商务英语等课程。总体来说,根据跨境电商人才的要求,划分为如图 1.8 所示的五个模块。

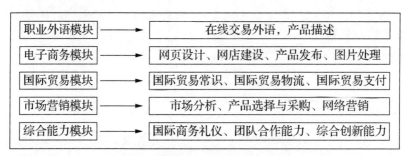

图 1.8 跨境电商人才要求的五个模块

阿里研究院《中国跨境电商人才研究报告》通过对 300 多家企业的调研,剔除不合格样本后统计发现:

(1) 企业普遍认为,跨境电商人才存在严重缺口。虽然企业选择跨境电商人才最多的倾向是国际贸易(70.1%),国际贸易每年也有大量的毕业生(如图 1.9 所示企业选择跨境电商人才倾向的专业),但还是有 85.9%的企业认为目前跨境电商人才存在缺口。这描绘了一个十分矛盾的局面:一方面每年毕业季各大学都在源源不断地向市场输送"人才",另一方面企业又招不到合适的人才。在调查中,17.6%的企业干脆就招不到合适的人才，而剩下 82.4%的企业虽然招到了人，但是这些"人才"根本满足不了企业的需求。

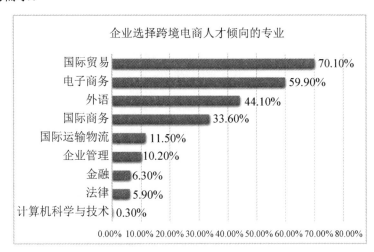

图 1.9　企业选择跨境电商人才倾向的专业

(2) 企业需要更多的跨境电商人才，高校仅仅就增加国际贸易、电子商务等专业的人才培养数量并不能满足企业的需求。研究(如图 1.10 所示企业需要跨境电商人才的岗位)发现：企业最需要有一定技巧和实战训练的中级人才(68.4%)，远高于具备丰富经验、作为业界翘楚的高级人才(17.8%)和会基础操作和入门知识的低级人才(13.8%)。

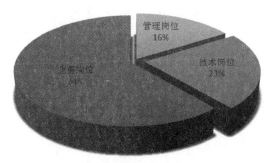

图 1.10　企业需要跨境电商人才的岗位

(3) 目前，在跨境电商领域，毕业生主要来自国际贸易、电子商务、外语以及国际商务专业。尽管选择从事跨境电商行业的毕业生专业背景丰富，数量也相当可观，可是这些毕业生还是未能满足社会的需要。如图 1.11 所示，企业认为大部分毕业生存在如下缺点：解决问题的能力不强(81.9%)，专业知识不扎实(53.0%)，知识面窄(51.3%)，视野不够宽(49.7%)。企业(65.1%)急需复合型人才，急需有能力解决问题的人才，更需要的是能够从事业务解决实际问题的人才。

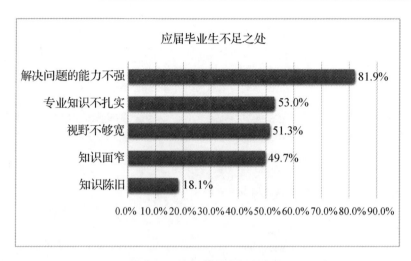

图 1.11　应届毕业生不足之处

(4) 调查显示,小企业对电子商务专业人才需求相对较多,如图 1.12 所示。小企业更倾向于招聘专科人才,也希望这些人才具有复合型的知识和技能。

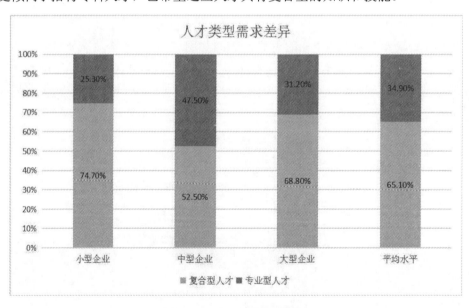

图 1.12　人才类型需求差异

2. 跨境电商人才应具备的职业能力

1) 国际贸易基本技能

跨境电子商务是不同国家和地区的交易通过电子商务平台达成交易,即传统国际贸易的电子化和网络化,从根本业务属性上来说,它仍是国际贸易的范畴,所以国际贸易的基本技能依然是跨境电商人才必须具备的业务能力：能熟练运用外语与客户进行沟通洽谈；能回复相关业务来往信函；能进行国际贸易流程的跟进——物流、保险、报关、报检、结算；能熟悉国际贸易中所涉及的法律、条约和惯例等。

2) 电子商务基本技能

跨境电子商务利用的是互联网搭建的网络平台进行业务往来，从业务媒介手段来说，它又属于电子商务的范畴，所以跨境电商人才必须具备电子商务基本技能：熟悉三大电子商务模式，能进行网点装修、客户开发、产品发布、网络推广、订单处理。

3) 计算机操作技能

作为跨境电子商务媒介的是计算机和网络平台，这要求从业者在基本的计算机操作技能外，还要更深入地掌握和运用好这个媒介和平台，所以对于网页设计开发软件、Ps 软件、数据统计软件等也要能够灵活使用。

4) 市场营销技能

跨境电商人才应该具有市场营销的基本技能，会数据分析，进行市场的调研、客户的需求分析，能运用 SWOT 制定营销策略等。

5) 专业的素养

国际贸易与国内贸易相比，它的复杂性、困难性、风险性就体现在它面对的是来自世界各地的客户，有着不同的语言、风俗、文化，思维方式也不同，这要求跨境电商人才必须具有更高的职业素养，能适当沟通，灵活应变，执行力强并能够进行积极的团队合作。

此外，还要具有学习和发展能力，能自主学习跨境电子商务新知识、新技术等。

1.4 主流跨境电商 B2C 出口平台

1.4.1 eBay：全球人民的线上拍卖、购物网站

eBay(EBAY，中文电子湾、亿贝、易贝)是一个可让全球民众上网买卖物品的线上拍卖及购物网站，是全球商务和支付行业的领先者，为不同规模的商家提供公平竞争、共同发展的机会。eBay 于 1995 年 9 月 4 日以 Auctionweb 的名称创立于加利福尼亚州圣荷西，是全球第一家提供网上拍卖服务的网站。eBay 交易平台比较成熟，操作便捷，诚信度高。

1. eBay 的发展历程

- 1995 年 9 月，eBay 成立。
- 1998 年，eBay 在纳斯达克成功上市。
- 2002 年 6 月，eBay 收购 PayPal，全球领先的交易市场与网络支付强强联手。

- 2003 年 7 月，eBay 收购易趣，正式进军中国市场，并推出联名拍卖网站"eBay 易趣"。
- 2006 年 12 月，eBay 宣布与中国 Tom 成立合资公司，继续进行易趣国内交易。另成立新公司 CBT 负责跨国交易部分的业务。
- 2007 年，eBay 在大中华区开展跨境电子商务贸易。
- 2012 年 4 月，易趣不再是 eBay 在中国的相关网站，易趣为 Tom 集团的全资子公司，易趣网站提供的各项服务均不受影响。
- 2013 年 4 月，eBay 第一季度净营收达 37 亿美元。
- 2014 年 2 月，eBay 宣布收购 3D 虚拟试衣公司 PhiSix。
- 2015 年 4 月，eBay 和 PayPal 拆分，eBay 继续与 PayPal 合作处理退款、逾期欠款和资金冻结等业务，必要时指示和建议 PayPal 向用户的账户采取适当行动。
- 2016 年 5 月，eBay 和澳大利亚零售商 Myer 推出第一家虚拟现实百货商店。
- 2017 年 6 月，《2017 年 BrandZ 最具价值全球品牌 100 强》公布，eBay 名列第 86 位。
- 2018 年 7 月，eBay 终止与长期支付伙伴 PayPal 的合作，宣布与后者的竞争对手苹果和 Square 达成新的伙伴关系。
- 2018 年 12 月 20 日，2018 世界品牌 500 强排行榜发布，eBay 位列第 47 位。
- 通过 eBay 的全球平台，中国卖家的支付、语言、政策、品牌、物流等问题得到了很好的解决，同时在出口电商网络零售领域发挥了自身优势，可将产品销售到世界各国，直接面对亿万消费者。中国卖家还可通过 eBay 推广自有品牌，提升世界地位认同度。eBay 也帮助买卖双方削减中间环节，创造价格优势，降低运营成本。

eBay 全球拥有 40 个交易网站，卖家只需注册并认证一个 eBay 账号，即可在全球开启销售之旅。eBay 主要的站点网址如下。

中国香港站：http://www.ebay.com.hk/。

中国站：http://www.ebay.cn/。

美国站：http://www.ebay.com/。

加拿大站：http://www.ebay.ca/。

澳大利亚站：http://www.ebay.com.au/。

英国站：http://www.ebay.co.uk/。

德国站：http://www.ebay.de/。

法国站：http://www.ebay.fr/。

西班牙站：http://www.ebay.es/。

意大利站：http://www.ebay.it/。

2. eBay 前端页面介绍

(1) 以美国站(网址：www.ebay.com)为例，eBay 主页展示如图 1.13 所示。

图 1.13　eBay 主页展示

(2) 在主页输入产品关键词搜索，跳转到产品页面，eBay 默认按照 Best Match (最佳匹配)排列，影响 Best Match 的四大因素为：相关性、卖家表现、物流服务和买家记录。

相关性层面：包括 listing 标题相关性、category 相关性。准确的标题、精准的分类定位，使得买家更加容易找到你的单品，也就是说，相关性越大，排名越靠前。另外，有竞争力的价格、精美的图片、完整的物品规格属性、是否是 Promoted listing、是否使用了 Volume price 等促销工具也都是相关性层面影响排名的关键因素。

卖家等级层面：包括账号是否属于优秀评级卖家 TOP(Top Rated Seller)、是否是优良卖家 Above Standard，是否存在违规记录，比如侵权、滥用多属性、重复刊登等。另外，在服务评级方面的表现，买家的满意度、中差评数量、DSR 评分高低、INR、SNAD 投诉的数量等都是在卖家等级方面影响排名的因素。

物流层面：包括产品的 EDD 是多少，经济型还是商业型的物流方式，物品是否免运费，是否免费退货，以及物品所在区域等。还有很关键的一点，就是这个商品是从海外仓发货，还是从中国直发，若是海外仓，是否参与了 eGD 的计划。在 Best Match 规则里，eBay 提高了海外仓物品和免运费物品的排名，降低了高运费或运费不明物品的排名。

购买历史记录层面：包括最近的售出记录、近期的销售转化率、被浏览数量、被加入购物车的数量等,购买记录越多的产品,取得的曝光度也就越高。

卖家也可自定义其他排序原则(见图 1.14);此外,产品分类和历史销量、卖家账号及信用评级等信息也会展示在此页面(见图 1.15)。

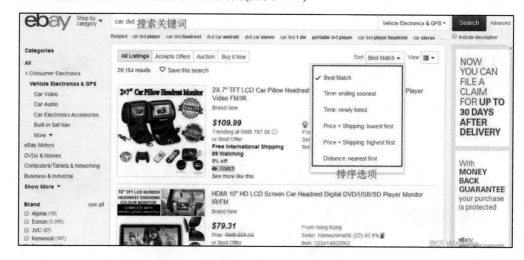

图 1.14 产品搜索页面

图 1.15 eBay 产品页面

(3) 高级搜索功能。

用户利用简单实用的高级搜索功能(Advanced search)可以迅速了解市场,快速有效地找到同类物品的销售情况和价格信息等。只要输入关键字，eBay 的搜索引擎就会列出不同目录下的关联商品和关联店铺。还能同时使用商品号和卖家 ID 来搜索商品详细信息和浏览卖家店铺。

路径：(以美国站点为例，在主搜索按钮旁边的 eBay 页面上找到 Advanced search)Home→Buy→Advanced search，可以看到有 Items 和 Stores 两大类。在 Find Items 寻找物品页面，输入关键词或商品编号，勾选 Completed listings 和 Auction，便可搜索所有已经下架的产品，黑色价格表示没有售出，绿色价格表示已售出。利用此功能可以查看物品的拍卖效果、起拍价、拍卖起止时间等。如图 1.16 所示为 eBay 高级搜索功能示例。

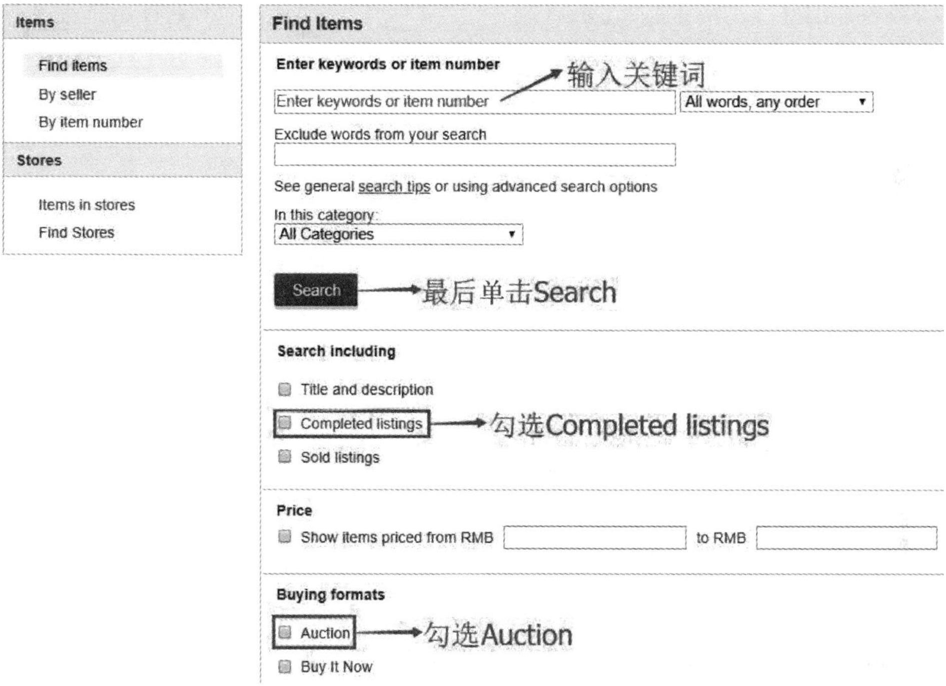

图 1.16 eBay 高级搜索功能示例

高级搜索功能各项搜索条件如表 1.8 所示。

表 1.8 高级搜索功能搜索条件

搜索项	条件/选项	中文
Buying formats 商品发布类型	Auction	需要竞标购买的商品
	Buy it now	现在可以立刻下单的商品
	Classified ads	广告

续表

搜索项	条件/选项	中文
Condition 商品状态	New	全新品
	Used	二手货
	Not specified	没有特殊说明
Show results 只显示搜索后的结果 (以下是筛选条件)	With paypal accepted	卖家接受 PayPal 支付
	Listings	商品在多久时间内下架
	Number of bids from	商品被竞价的次数范围选择
	Multiple item listings from	购买商品时可以选择的购买数量
	Items listed as lots	很多同样的商品打包出售
	Sale item	正在打折的商品
	Best offer	提供议价的商品
	eBay for Charity	慈善
Shipping options 运输选项	Free shipping	免运费
	Local pickup	去卖家所在地上门取货
Location 所在地	Located	距离你有多远
	From preferred locations	首选区域
	Located in	国家
Sellers 卖家	Only show items from	只显示来自于
	Specific sellers (enter seller's user ID)	特殊卖家(输入卖家 ID)
	My saved sellers	我保存的卖家
	Sellers with eBay Shops	有 eBay 商店的卖家

(4) 产品详情页面。

eBay 上活跃买家数量超过 1.64 亿，这么多的流量能让卖家销量更高。eBay 前台产品详情页面展现卖家的产品(见图 1.17)，方便买家浏览购买。

图 1.17　产品详情页

在产品描述页面(见图 1.18)，买家可查看产品特性、功能和包装等信息。

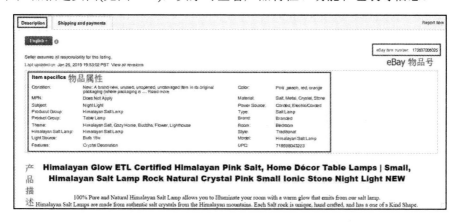

图 1.18　产品描述

单击 Shipping and payments，进入付款和运输页面(见图 1.19)，在 Shipping and handling 条款下选择数量 Quantity 和国家 Country，即可看到对应的运输方式和运费，以及美国国内发货时间。买家还能看到卖家提供的退换货政策及可接受的付款方式。

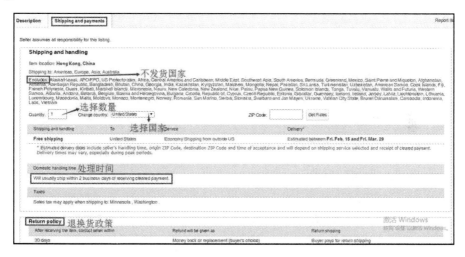

图 1.19　付款和运输页面

1.4.2　亚马逊：最"以客户为中心"的外贸平台

1. 亚马逊概况

亚马逊公司(Amazon，简称亚马逊)成立于 1995 年，总部位于华盛顿州的西雅图，是美国最大的一家网络电子商务公司，是网络上最早开始经营电子商务的公司之一。亚马逊一开始只经营网络的书籍销售业务，现在则扩及范围相当广的其他产品，已成为全球商品品种最多的网上零售商和全球第二大互联网企业。在公司名下，包括AlexaInternet、a9、lab126 和互联网电影数据库(Internet Movie Database，IMDB)等子公司。

2004 年 8 月，亚马逊全资收购卓越网，使亚马逊全球领先的网上零售专长与卓越网深厚的中国市场经验相结合，进一步提升了客户体验，并促进中国电子商务的成长。

2018 年 7 月 19 日，《财富》世界 500 强排行榜发布，亚马逊位列第 18 位。12 月 18 日，世界品牌实验室编制的《2018 世界品牌 500 强》揭晓，亚马逊排名第 1 位。

亚马逊及其他销售商为客户提供数百万种独特的全新、翻新及二手商品，类别涉及广泛，如图书、影视、音乐和游戏、数码下载、电子和电脑、家居园艺用品、玩具、婴幼儿用品、食品、服饰、鞋类和珠宝、健康和个人护理用品、体育及户外用品、汽车及工业产品等。亚马逊主站品类扩展情况如图 1.20 所示。

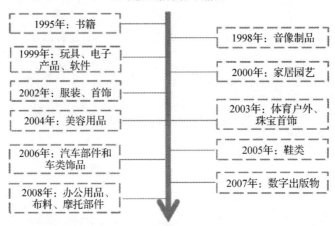

图 1.20　亚马逊主站品类扩展情况

2. 亚马逊业务演变

第一次转变：成为"地球上最大的书店"(1994—1997)。

1994 年夏天，从金融服务公司 D. E. Shaw 辞职出来的贝佐斯决定创立一家网上书店，贝佐斯认为书籍是最常见的商品，标准化程度高；而且美国书籍市场规模大，十分适合创业。经过大约一年的准备，亚马逊网站于 1995 年 7 月正式上线。为了和线下图书巨头 Barnes & Noble、Borders 竞争，贝佐斯把亚马逊定位成"地球上最大的书店"(Earth's biggest bookstore)。为实现此目标，亚马逊采取了大规模扩张策略，以巨额亏损换取营业规模。经过快跑,亚马逊从网站上线到公司上市仅用了不到两年时间。1997 年 5 月 Barnes & Noble 开展线上购物时,亚马逊已经在图书网络零售上建立了巨大优势。此后亚马逊和 Barnes & Noble 经过几次交锋,最终亚马逊完全确立了自己是最大书店的地位。

第二次转变:成为最大的综合网络零售商(1997—2001)。

贝佐斯认为和实体店相比,网络零售很重要的一个优势在于能给消费者提供更为丰富的商品选择,因此扩充网站品类,打造综合电商以形成规模效益成为亚马逊的战略考虑。1997 年 5 月亚马逊上市,尚未完全在图书网络零售市场中树立绝对优势地位的亚马逊就开始布局商品品类扩张。经过前期的供应和市场宣传,1998 年 6 月,亚马逊的音乐商店正式上线,仅一个季度亚马逊音乐商店的销售额就已经超过了 CDnow,成为最大的网上音乐产品零售商。此后,亚马逊通过品类扩张和国际扩张,到 2000 年的时候,亚马逊的宣传口号已经改为"最大的网络零售商"(the Internet's No.1 retailer)。

第三次转变:成为"最以客户为中心的企业"(2001—至今)。

2001 年开始,除了宣传自己是最大的网络零售商外,亚马逊同时把"最以客户为中心的公司"(the World's most customer-centric company)确立为努力的目标。此后,打造以客户为中心的服务型企业成为亚马逊的发展方向。为此,亚马逊从 2001 年开始大规模推广第三方开放平台(marketplace),2002 年推出网络服务(AWS),2005 年推出 Prime 服务,2007 年开始向第三方卖家提供外包物流服务 Fulfillment by Amazon (FBA),2010 年推出 KDP 的前身自助数字出版平台 Digital Text Platform(DTP)。亚马逊逐步推出这些服务,使其超越网络零售商的范畴,成为一家综合服务提供商。

3. 亚马逊的主要站点及其优势

亚马逊的主要站点,如图 1.21 所示。

亚马逊的国际扩张

开通国家	网址	进入时间	网站排名(Alexa)
亚马逊主站	amazon.com	1995年7月	10
亚马逊英国	amazon.co.uk	1998年10月	104
亚马逊德国	amazon.de	1998年10月	78
亚马逊法国	amazon.fr	2000年8月	342
亚马逊日本	amazon.co.jp	2000年11月	89
亚马逊加拿大	amazon.ca	2002年6月	1452
亚马逊中国	amazon.cn	2004年8月	280
亚马逊意大利	amazon.it	2010年11月	1260
亚马逊西班牙	amazon.es	2011年9月	1406

注释:根据公开资料整理,截至2012年9月;网站的世界排名采用了 Alexa 10月15日数据,仅供参考。

图 1.21 亚马逊的国际扩张

亚马逊的优势在于品牌国际影响力和优质的买家服务体系，以及领先的国际物流仓储服务。

(1) 庞大的忠实客户群体。

美国：超过一半美国人网购经验始于亚马逊，仅在美国亚马逊每月就有超过9000万的独立访问者。

欧洲：欧洲五大站月访问量上百亿。

日本：整个零售网站上面，日本站是最受众的。

(2) 优质的客户群体。

消费群体年龄：25～40岁。

Prime会员制：年费99美金的会员制服务，利用免费配送和自有优质视频服务培养忠实的客户群体。

(3) 亚马逊强大的物流体系——FBA。

亚马逊以优质的仓储物流系统和售后服务体系闻名于世，除了自营业务外并对第三方卖家开放。选择亚马逊物流的卖家加收仓储和物流费用。亚马逊在北美市场提供FBA服务，能实现2～3天到货，最快次日送货；在欧洲市场，可以帮助卖家实现欧洲五国(英国、法国、德国、意大利、西班牙)的统一仓储和物流服务，并可配送欧盟其他国家，方便卖家向亚马逊欧洲网站的顾客提供本地化客户服务以及快捷的送货服务。亚马逊平台提供免费的站内推广服务，以及向消费者提供精准的商品推荐服务。

4．亚马逊商品详情页面

亚马逊商品详情页面是卖家把产品全面展示给每一个买家必不可少的部分。买家通过商品详情页面认识产品、了解产品，进而选择自己想要的产品。

商品详情页面(见图1.22、图1.23)包含以下几个部分。

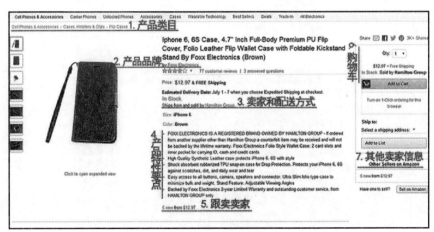

图1.22　亚马逊商品详情页面-1

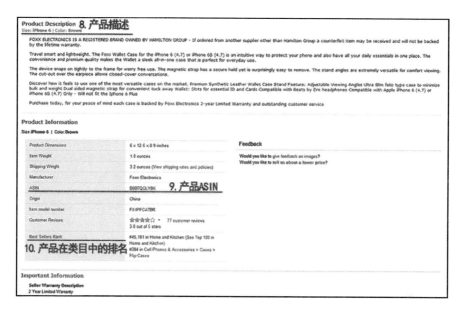

图 1.23　亚马逊商品详情页面-2

(1) 产品类目。

(2) 产品品牌。

(3) 卖家和配送方式：展示赢得购物车(Buy Box)的卖家和该卖家的配送方式。

(4) 产品特性要点。

(5) 跟卖卖家。

(6) 购物车(如果一个产品刊登里面有 N 个卖家，会有一个卖家占据购物车，就是说买家通过购物车下订单，这些订单都是这个卖家的，因为亚马逊上绝大多数的订单都是通过购物车购买的，因此抢夺购物车就非常关键，亚马逊会通过价格、服务等指标来评定谁赢得购物车)。

(7) 其他卖家信息。

(8) 产品描述。

(9) 产品 ASIN。

(10) 产品在类目中的排名。

(11) 系统推荐部分。

系统自动统计出购买该物品的顾客还购买了哪些物品(Frequently Bought Together)，顾客可以组合购买，该功能不是卖家可以设置的功能，完全由系统决定。此外，系统自动展示出购买该物品的顾客还购买了哪些其他物品(Customers Who Bought This Item Also Bought)。

卖家可以通过系统推荐部分，研究消费者的浏览和购买习惯，调整商品线，设置促销等，如图 1.24 所示。

图 1.24　Amazon 系统推荐部分

买家通常会通过搜索条和页面左侧条件进行筛选。填写正确的 product type 和 item-type，recommended browse node(英国)，可以使商品进入正确的品类，提高曝光率；反之则几乎不会被浏览或者检索到，如图 1.25 所示。

图 1.25　亚马逊买家筛选栏

5. eBay 和亚马逊的区别(见表 1.9)

表 1.9 eBay 和亚马逊的区别

对比项目	亚马逊	eBay
开店门槛	相对来说，门槛较高	门槛较低，比较容易成功
开店费用	月租性质，上架产品不必交费，但是每个产品都需要一个 UPC 码	根据店铺等级支付相应的月租，上架商品、产品成交都需要支付相应的费用
店铺审核周期	在产品生产前，核对原材料、跟踪生产过程以及每个时间段的进度，确保产品的生产技术以及质量符合要求，保证正常包装出运	审核周期较长，刚开店只能以拍卖形式出售物品，有了一定数量的反馈才能卖一口价产品
对产品的限制	产品限制较严格，很多产品限制销售，平台规则有明确说明	所销售的产品需要符合平台的相关规定
产品销售方式	全部都是一口价销售	可以拍卖，可以一口价销售
竞争	对卖家要求严格，服务质量较好，产品的价格相对较高	由于门槛较低，开店的人数多，产品没有价格优势
支付方式	必须有美国银行账户来收款，要有在美国注册的公司	有自己的支付通道，提现较方便

本章总结

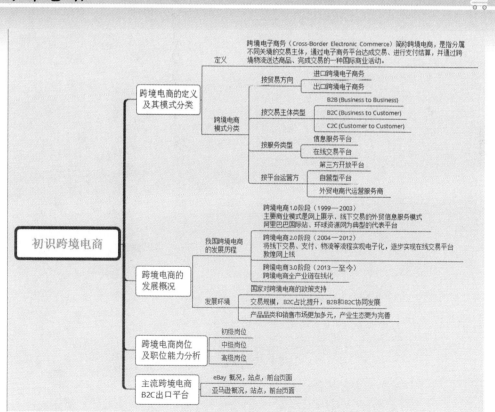

本章作业

1. 利用 eBay Advanced search(高级搜索功能)查看搜索结果的变化。
2. 思考与讨论:为什么要做跨境电商?

第 2 章
eBay 运营

本章任务

系统地了解当前 eBay 平台的政策及营销特色。掌握基本的 eBay 操作流程和规范，应具备一定的外语功底和文案编辑的基本能力。掌握市场调研与分析能力，能够根据数据调研、分析，灵活改变销售策略，具有较好的沟通和执行能力。

本章技能目标

- 系统认识 eBay 平台，了解如何申请 eBay 账号。
- 了解 eBay 刊登政策和收费标准，知道什么产品不能卖。
- 掌握 eBay 刊登要求和刊登步骤。
- 学会处理收款、发货、评价等账号操作问题。
- 了解 eBay 卖家政策，关注卖家成绩表。

本章简介

eBay 在全球有 38 个市场，超过 2.5 亿买家，是全球电子商务的领军者。eBay 于 1995 年创立于加州硅谷，是全球最大、最具活力的交易平台之一，为用户提供高性价比的精选物品。在中国，eBay 致力于推动跨境电子商务零售出口产业的发展，为中国卖家开辟直接面向海外的销售渠道。本章重点学习 eBay 的平台运营，强化 eBay 平台运营技能及客户管理等专业能力，理论方面涉及 eBay 平台政策、国际物流选择、客户服务、维护账户安全和控制账户风险等，实践性和应用主要体现在注册开店、产品刊登和优化、促销管理等。

> **预习作业**

提前预习，带着以下任务学习本章相关资料。
- 标注出本章看不懂或存在疑惑的部分。
- 整理、记录学习中遇到的问题。
- 熟记本章的英文单词。

1. 背诵英文单词

请在预习时找出下列单词在教材中的用法，了解它们的含义和发音，并填写于横线处。

(1) Good'Til Cancelled_____
(2) Auction_____
(3) Buy It Now_____
(4) Best Match_____
(5) Bidding_____
(6) Best Offer_____
(7) Shipping and Payments_____
(8) Resolution Center_____
(9) Seller Dashboard _____
(10) Top-rated seller _____

2. 预习并回答以下问题

请阅读本章内容，在作业本上完成以下简答题。
(1) 简述 Positive Feedback Rate 的计算方法。
(2) eBay 平台的政策规则包含哪几个方面？
(3) 在 eBay 后台上架一件商品需要准备哪些内容？
(4) 为什么要设置库存为零不下线？
(5) 商品刊登违规表现包括哪些方面？

2.1 eBay 注册及账号风险控制

2.1.1 注册并认证 eBay 普通账号

1. eBay 注册条件

eBay 注册免费，收费较低，客户群大，分布全球 40 个国家的本地站点，覆盖了

160个国家的3.38亿注册用户和2.76亿在线客户。

按注册地的不同,卖家账户分为海外账户和国内账户。按照注册主体的不同,卖家账户分为普通账户和企业账户。普通账户又包括个人账户和商业账户,两者的区别在于个别地区和国家站点要求在此网站销售产品的卖家必须为商业账户,如德国站,但也可以通过更改账户类型实现转换。

企业账户的注册与普通账户不同,eBay提供专门的绿色通道或者由eBay经理协助注册,企业入驻链接:https://pgc.ebay.com.hk/。企业入驻通道可以帮助大中华地区符合资质的新老企业卖家在账户创立初期,获得相应的额度以及其他辅助服务(见图2.1)。

图2.1　eBay企业入驻通道

普通账户eBay注册条件宽泛,需要提前准备好相关资料,如网络、电脑(同一个账号的网络和电脑必须是唯一的)、打印机(用于打印发货标签)、数码相机(拍摄产品图片)、联系方式(手机、邮箱),做好前期的选品等。申请账户之前,因为eBay开店和账户收款的需要,需要办理一张支持美元的双币信用卡,Visa或MasterCard均可。

2. 普通账户eBay注册流程

(1) 中国卖家可在eBay香港(中国)站点注册。(注册完全免费)

为了更好地帮助中国卖家在eBay平台上进行销售,eBay中国成立了专业的跨国交易服务团队,推出专为中国跨国交易卖家打造的交流、沟通和分享的平台:www.ebay.cn,为中国的企业和个人卖家开辟新的网络丝绸之路,帮助中国卖家顺利地开展全球业务。注:www.ebay.cn中国站只用来看eBay政策和公告,不能进行买卖交易。

登录网址 http://www.ebay.com.hk/，单击左上方"注册"按钮，进入 eBay 香港平台，填写注册表单(eBay 香港平台注册表单如图 2.2 所示)。

图 2.2　eBay 香港平台注册表单

(2) 卖家需根据实际情况填写真实资料。注：请尽量用拼音或英文填写姓名栏，并使用大型电子邮件服务商提供的邮件服务作为注册邮箱，如 Hotmail、Gmail 等，确保买卖双方的沟通及时有效。

企业卖家也可单击"建立商业账户"按钮直接注册为商业账户。注册成为 eBay 商业账户需要在线提交公司资料和公司联络资料，如图 2.3 所示。

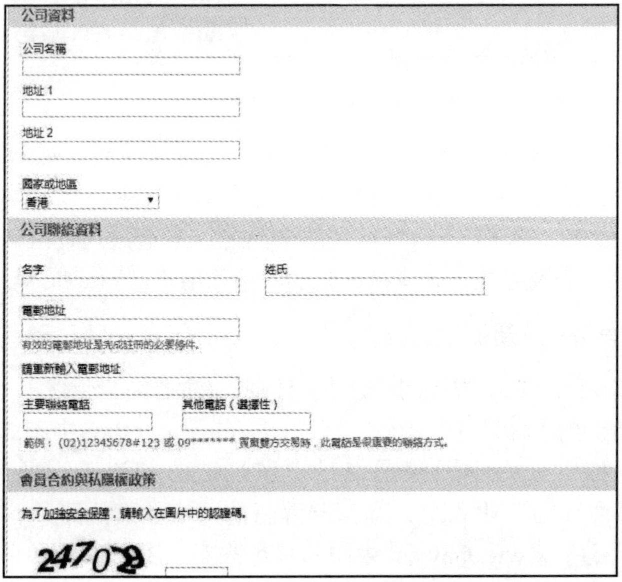

图 2.3　注册 eBay 商业账户需要提交的资料

(3) 完成后单击页面下方的"登记成为会员"按钮。信息填写完毕之后，系统将分配一个用户名，如图 2.4 所示。卖家亦可单击"自订你的会员账号"自定义个性化的账户名。

图 2.4　登记注册信息完成

备注：

① 会员账号是会员在 eBay 进行交易时辨认身份的方式，所有 eBay 会员都能看到。

② 会员账号会在交易或与其他会员交易时显示，不过，其他会员不会看到卖家的姓名和个人资料。

③ 卖家需要以会员账号和密码登录 eBay 账号，请选择一个好记的会员账号，而且会员账号只可使用字母、数字、句点、星号、底线或破折号，不能用邮箱作为会员账号，如收到"您输入了不能使用的会员账号"讯息，此会员账号就可能包含了不能使用的字符。

④ 会员账号每 30 日只能变更一次。

(4) 注册好 eBay 账号后，建议尽快修改和完善账户信息，方便买卖双方之后的联系，如图 2.5 所示。

路径：My eBay→Account→Personal Information，看到右边有编辑(Edit)的地方均可进行信息的完善修改。

(5) 为了确保交易安全，成为 eBay 会员后，如果想要在 eBay 上销售产品，可选择通过信用卡或者手机短信的方式完成认证，成为 eBay 卖家。eBay 账户认证路径如图 2.6、图 2.7 所示。

修改和完善账户信息：

路径：My eBay→Account→Personal Information

图 2.5 修改和完善账户信息

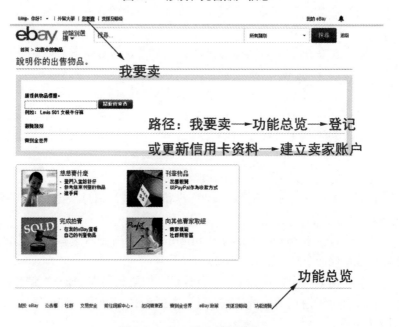

图 2.6 eBay 账户认证路径-1

3. 单击"登记或更新信用卡资料"

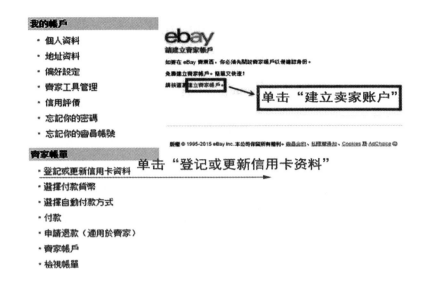

图 2.7　eBay 账户认证路径-2

4. 认证 eBay 账号——信用卡认证

(1) 选择"透过信用卡确认身份"选项，然后单击"继续"按钮，如图 2.8 所示。

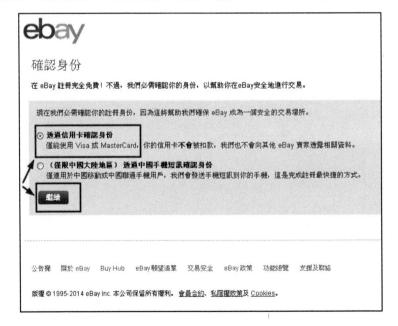

图 2.8　信用卡认证

(2) 正确填写个人信用卡信息(见图 2.9)，然后单击"继续"按钮。

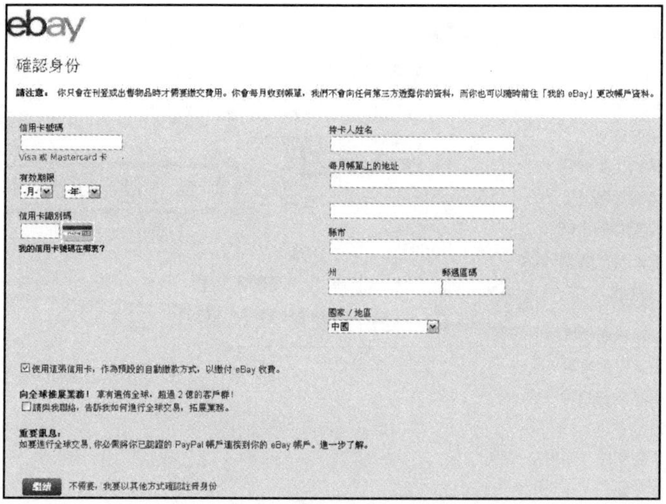

图 2.9　填写个人信用卡信息

(3) 进入"信用卡使用合约"页面，确认条款后单击"授权信用卡"按钮(见图 2.10)，完成信用卡认证。

图 2.10　授权信用卡

5. 认证 eBay 账号——手机短信认证

(1) 成功登录后,选择"透过中国手机短信确认身份"选项。
(2) 输入手机号码,进行验证。
(3) 输入 eBay 发送到手机上的验证码,即可完成手机短信认证。

备注:仅中国大陆用户支持通过手机短信确认身份;系统当前仅支持中国移动及中国联通的手机进行验证;每个手机号码仅支持认证一个 eBay 账号。

2.1.2 注册并认证 PayPal 个人账号

PayPal 是全球使用最广泛、最受欢迎的"网络银行"。支持多国多币种结算,免开户费。eBay 平台推荐使用 PayPal 作为资金账户进行跨国收付款交易。

(1) 登录 www.paypal.com,单击"注册"按钮。中国卖家可直接单击以下链接注册商家账户 https://www.paypal.com/c2/merchantsignup/create。
(2) 填写真实的注册资料,完成后单击"同意并创建账户"按钮。

备注:①建议使用与注册 eBay 账号时相同的电子邮件地址注册 PayPal 账户。②姓和名请使用拼音(例:张 ZHANG 三 SAN),并确保和银行账号登记时一致。③务必填写真实的姓名、地址及相关信息,否则将导致提款失败、账户受限等状况影响正常交易。

(3) 查收邮箱确认注册激活账户。
(4) 为了确保 PayPal 账户及资金安全,在证实注册者是卡或银行账户的合法持有人之前,无法进行提现交易。PayPal 账户可以使用信用卡或者借记卡完成认证。若认证 eBay 账号时选择以信用卡方式认证,则建议同样采用信用卡方式认证 PayPal 账号(见图 2.11)。

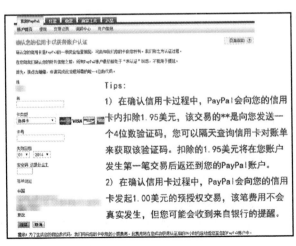

图 2.11　认证 PayPal 账号

2.1.3 绑定 eBay 与 PayPal 账号

绑定 eBay 与 PayPal 账号的操作步骤如下。

(1) 登录 eBay 账户，单击"我的 eBay"。

(2) 单击"账户"→"PayPal 账户"→联结到我的 Paypal 账户→输入 PayPal 账号和密码。

(3) 根据页面提示单击"返回 eBay"按钮，即可完成 eBay 账户与 PayPal 账户的绑定。

(4) 绑定成功后，可随时访问"我的 eBay"，并单击"账户"标签查询与账户相关联的信息(见图 2.12)。

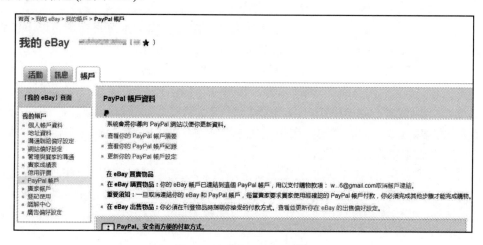

图 2.12　查看 PayPal 账户

2.1.4 eBay 账号风险控制

1. 账号关联原因

eBay 根据账号的信息相同程度分两种性质的关联：软关联和硬关联。

1) 软关联的形成条件

(1) 两个不同的 eBay 账号在同一台电脑或者同一个 IP 上登录。

(2) 两个不同的 eBay 账号在联系 eBay 客服的时候用的是同一个电话号码。

(3) 两个 Store 用的是相同的模板。

软关联对账号的影响：当其中一个账号降级或关闭时，eBay 会对软关联的账号重新审核。

若软关联账号状态好，账号会暂时安全；若账号状态不好，此账号就会降级和受到处罚。

2) 硬关联的形成条件

(1) 两个不同的 eBay 账号拥有同样的注册人姓名、电话、地址、邮箱和 PayPal。

(2) 两个不同的 eBay 账号持续在同一台电脑和 IP 上登录。

硬关联对账号的影响：当其中一个账号出现账号降级或关闭的时候，与之关联的账号会同时出现降级或关闭。

2. 如何防止账号关联

(1) 全新：新账号、新电脑、路由器、IP、注册信息。

(2) 不随意使用其他电脑登录账号。

(3) 不要尝试再次登录被封账户、打开被封账户 eBay 电子邮件。

(4) 新申请的账号信息不要和被封账号使用类似或一样的信息。

3. 平台政策规则

正式开始在 eBay 平台销售物品前，卖家需了解 eBay 信用与安全政策规则(见图 2.13)，包括 eBay 信用评价体系、eBay 物品刊登与销售政策，以及 eBay 对卖家表现及买家满意度方面的要求等。

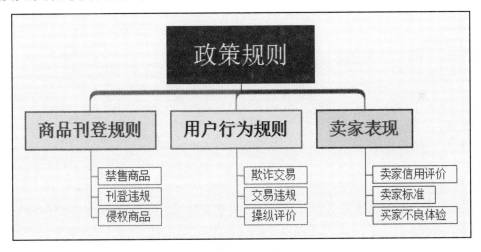

图 2.13　eBay 政策规则

(1) eBay 要求卖家遵循销售政策和刊登规则，严禁以任何形式销售低价劣质品、伪造品、仿冒品、仿制品、管制及禁售品以及未获得有效授权的品牌商品和法律法规明令禁止的其他商品。商品刊登规则示例如表 2.1 所示。

表 2.1 商品刊登规则示例

禁售物品	侵权产品	不恰当的分类	不恰当的地点	滥用关键字	图片政策	不恰当的链接	不合理的费用	重复刊登
法律	商标	高风险分类	与实际物品地址不符	无关、侵权	盗用	其他交易网站	过高的邮费	相同的 SKU 不能重复刊登
物流	复制				违规(边框、商标等)			
平台	专利				尺寸			
	平行进出口							

(2) eBay 致力于为买卖双方提供优质网络交易体验,为达成这一目标,eBay 建立了用户信用及准入体系。eBay 要求卖家在遵循销售政策和刊登规则的前提下,努力为买家提供最优质的售前与售后服务。eBay 严禁以任何形式欺骗/误导买家,其中包括但不限于不实/夸大描述、炒作信用、哄抬售价、抬高运费、自买自卖、操纵搜索等行为。eBay 用户行为规则如表 2.2 所示。

表 2.2 用户行为规则

交易违规	信用炒作	其他
成交不卖	交换信用评价	攻击其他卖家
自我抬价	标题中提及评价	花钱购买 ID
产权侵犯	注册多账号增加好评	提供操纵评价服务
	平行进出口	计算 DSR 来源

(3) eBay 信用评价体系主要由信用评价、卖家服务评级及纠纷三大方面组成,如图 2.14 所示。这些指标综合起来则代表了卖家在 eBay 的信誉,以及用户的满意程度。eBay 卖家的信誉在业务发展中起着至关重要的作用。eBay 通过买家的交易体验来衡量卖家表现,当买家对卖家留下中评或差评,或者评价时留下 1~2 分的 DSR 评(四项评级中任意一项),或者向卖家发起交易纠纷,都是不良买家体验的表现。

注:任何违规行为,都将会受到 eBay 的严厉惩罚。若不遵守上述条件和其他 eBay 规则、政策等,将可能受到包括但不限于限制销售规模、冻结账户,直至永久撤销卖家资格等制裁措施。如账号出现风险,卖家需及时分析原因,对症下药。

应对要点:

(1) 坚持客观描述物品,给予买家正确的期望。
(2) 控制库存数量并杜绝主动取消交易。

(3) 用"提前做到"替代"事后弥补"。
(4) 合理利用卖家保护政策进行"自我保护"。

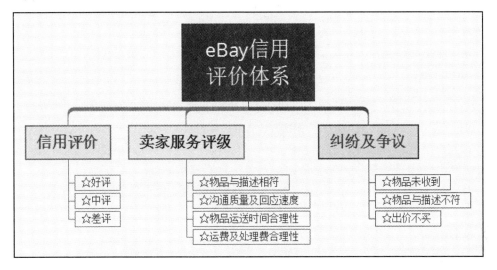

图 2.14　eBay 信用评价体系

2.2　eBay 平台刊登政策和收费标准

2.2.1　eBay 平台刊登政策

1. eBay 什么产品不能卖(Prohibited and Restricted Items)

刊登物品前,先确定该物品是否能在 eBay 刊登,以及 eBay 对于售卖此类商品的特殊要求、条件、规则是什么。例如毒品、军火之类的产品是严格禁止在 eBay 平台上进行销售的。违反这些政策可能导致各种不同的处分,包括取消刊登;限制账户权利;冻结账户/Account Suspension;没收 eBay 收费;取消超级卖家/Power Seller 资格。

在 eBay 刊登物品时需了解违禁品和管制物品的规则。

(1) 与刊登物品相关的政策通常是根据国家法律及州法,不过,很多危险或敏感物品销售的限制不一定是法律所禁止的。这类限制大多是根据有关者,包括社群的建议而设定。

(2) 将物品销售至其他国家时,应注意全球交易和入口限制的规定。在某些国家属于合法的物品,可能在其他国家是不合法的。

(3) 违禁品和受管制物品清单不一定是全面被禁止的,例如,在医疗器材政策中，很多物品均属违禁物品(例如隐形眼镜)，但很多其他物品，如部分医疗仪器，在某些情况下则不会被禁止。

(4) eBay 注重保护知识产权，若想售卖品牌产品，要么卖家是品牌产权人，要么已拿到品牌授权。侵权产品会被 eBay 强制下架并影响账号。

具体违禁品和受管制物品清单请参阅 eBay 大学资料：https://www.ebay.cn/newcms/Home/listing/4。

2. 知识产权和 VeRO 计划 (Intellectual property and the VeRO program)

eBay 设立了 VeRO 计划，即 eBay Verified Rights Owner Program，以方便知识产权持有人检举侵犯其知识产权的刊登、从网站移除侵权物品符合 eBay 的利益，因为如果纵容这些物品的存在，就会侵蚀买家及优良卖家对 eBay 的信任。

以下都是 eBay 严格禁止的主要知识产权违规行为，但不仅限于这些行为。

1) 复制品、赝品和未经授权的复制品政策

复制品、仿造品和未经授权的模仿品如下。

- 学术软件、测试版软件、OEM 软件等相关物品。
- 名人产权物品，包括肖像、照片、姓名、签名及亲笔签名。
- 特定品牌的配饰、包装、保证书等其他未与该品牌产品一起出售的物品。
- 私制盗版录像或录音等。

2) 刊登物品时描述物品的规则

在对所售物品进行描述时，以下行为也会涉及侵犯第三方知识产权。

- 未经授权而使用来自其他 eBay 用户的物品描述或图片。
- 未经授权而使用来自厂商或其他互联网图片。
- 不当使用 eBay 属有的知识产权，包括使用 eBay 名称、图标等。
- 怂恿或促使他人侵犯第三方版权、商标或其他知识产权。

更多 VeRO 内容请参考：https://pages.ebay.com/seller-center/listing-and-marketing/verified-rights-owner-program.html。

3. 重复刊登(Duplicate Listings Policy)

为维护平台的良好秩序，以及提升买家的购物体验，eBay 要求卖家不可以在同一个时间内重复刊登相同的物品以满足相同的客户需求。重复刊登并不能有效提高销售额；根据结构化数据，eBay 会升级重复刊登的检测机制，更有效地查处重复刊登，一旦查到，会影响整个账号的曝光率。

1) 重复刊登判断标准

(1) 刊登所售物品是否与其他刊登有明显区别，是否满足了买家的不同需求。

(2) 相似但不相同的物品，是否在主副标题、价格、图片、状态、属性、适用性等方面清晰表明。

不符合上述两条标准的，将被视为相同的物品。

关于物品刊登，应遵守以下准则，以确保物品刊登符合 eBay 的刊登政策，并且在 eBay 的排名中获得更好的显示位置。

- 在一个多数量定价物品刊登中刊登相同的物品。
- 在一个多属性定价物品刊登中刊登有多种款式的物品，比如尺寸和颜色。
- 在零件兼容性物品刊登中刊登适合多种车辆的物品。切勿在标题中包含可兼容车辆。
- 明确清晰地标明物品的特征，体现物品的独特价值。
- 刊登物品时，使用 multi-quantity/multi-variation 选项(包括数量、颜色、大小等)。
- 尽可能详尽客观地列出物品详情(包括物品状态、型号、尺寸、产品编号等相关描述)。

如有违规，根据违规程度，卖家将会受到一系列处罚，其中包括下架刊登或者账户冻结等措施。

2) 以下情况不会视为重复刊登
- 多个拍卖刊登 + 一个定价刊登。

条件：重复的拍卖刊登不得提供"一口价"选项，起拍价、底价、标题、物品描述必须相同，否则视为违规。

注：系统在同一时间仅会显示一条未收到出价的拍卖刊登。一旦该刊登收到出价或结束，下一条刊登会自动开始显示。所有此类型拍卖刊登(无论是否显示)都正常收取费用。

- 重复刊登在不同站点的条件：每个刊登的运送范围相互之间不得重叠。

例：物品 A 刊登在美国站点，运送范围为美国；同时刊登在英国站点，运送范围为英国。(√)

物品 B 刊登在美国站点，运送范围为 worldwide；同时刊登在英国站点，运送范围为英国。(×)

- 不同数量的"批发式"刊登条件：每个刊登的批发数量有明显差异，旨在满足买家的不同需求。

例："10 个物品 A"与"100 个物品 A"。(√)

"10 个物品 A"与"12 个物品 A"。(×)(可使用多数量方式刊登)

- 适用于特定产品、品牌或型号的物品刊登条件。
① 通用型产品不可重复刊登(例如，AA 电池)。
② 在标题中明确表明适用哪些产品、品牌、型号等，并且每个刊登物品所适用的型号不得重复。

例："USB Charger Cable for Nokia N72 N79"与 "USB Charger Cable for Nokia

N96 N75"。（√）

"USB Charger Cable for Nokia N72 N79"与"USB Charger Cable for Nokia N96 N79"。（×）

更多关于重复刊登内容请详见链接 https://www.ebay.cn/newcms/ Home/listing/2。

4. 图片政策

优质的图片有助于打造良好的 eBay 购物体验，同时对物品销售也有很大帮助。eBay 刊登图片政策如下。

(1) 图片像素为 500～1600，图片大小不能超过 7MB。

(2) 二手/翻新/损坏的产品不得使用新品图。

(3) 不能出现店铺 Logo/宣传/促销等文字(可使用浮水印来标明图片所有权和归属权，但不能用于行销)。

(4) 不能有边框、底纹及插图或图标。

(5) 自行拍摄图片，请勿盗图。

侦测图片尺寸小工具链接如下：

http://www.isdntek.com/ebaytools/BulkPhotoScanner.htm

*此乃第三方开发的工具，只做侦测图片之用。

2.2.2 eBay 平台收费标准

1. 费用总览

一般 eBay 会向平台卖家收取两种类型的基础费用：当创建 Listing 刊登时，会收取刊登费(Insertion Fee)；当产品售出时，会收取成交费(Final Value Fee)。

1) 刊登费

每次刊登商品，会产生一定的刊登费用。刊登费用因以下因素有所不同。

(1) 非店铺的刊登费、店铺刊登费收费标准不一致。

(2) 拍卖、一口价所产生的刊登费收费标准不一致；此外，还可以为物品添加一些特殊功能，但需缴付相应的功能费。

(3) 拍卖形式的刊登费由定价和刊登时间而定，不同站点不同刊登时间不同定价，刊登费不同。

2) 成交费

商品一旦被客户拍下(包括付款和不付款状态)，即产生成交费。

成交费收取是基于买家总共付款的金额的一定百分比来收取的，包含了产品费用和运费处理费。注意，如果卖家账号表现不佳，跌入 Below Standard 级别后，成交费会增加 4%。

3) eBay 美国站点的刊登费用明细

以美国站为例，多数品类的基本收费标准(单位：美元)如表 2.3 所示。

表 2.3　多数品类的基本收费标准

品类 (Category)	刊登费 (Insertion Fee)	成交费 (Final Value Fee: % of total amount of sale)
Standard fees for most categories, including Music > Records, eBay Motors > Parts & Accessories, and eBay Motors > Automotive Tools & Supplies.	First 50 listings free per month, then $0.35 per listing*	10% (maximum fee $750**)
Books DVDs & Movies Music (except Records category)		12% (maximum fee $750**)
Select Business & Industrial categories: • Heavy Equipment Parts & Attachments > Heavy Equipment • Printing & Graphic Arts > Commercial Printing Presses • Restaurant & Food Service > Food Trucks, Trailers & Carts	$20	2% (maximum fee $300**)
Musical Instruments & Gear > Guitars & Basses	Free	3.5% (maximum fee $350**)

合理地使用特色功能可以帮助卖家提高销量。使用特色功能会收取额外的功能费，并与物品的刊登费同时收取，计入卖家账户。具体费用(单位：美元)如表 2.4 所示。

表 2.4　特色功能费率

刊登形式 (Listing Format)	费用：针对拍卖、一口价刊登(1，3，5，7，10 天在线) 1*, 3, 5, 7 and 10-day listing duration		费用：针对一口价刊登(30 天，无限期在线) 30-day duration and Good'Til Cancelled listings		
优化刊登功能费 (Advanced listing upgrade)	Item price of up to $150	Item price of more than $150	Item price of $150 or less	Item price of more than $150	Classified Ad format or Real Estate category
标题字体加粗(Bold)	$2.00	$3.00	$4.00	$6.00	$4.00
橱窗展示大图(Gallery Plus Free for listings in the Collectibles, Art, Pottery & Glass, and Antiques categories)	$0.35	$0.70	$1.00	$2.00	$1.00

续表

一口价物品对国际网站可见 (International site visibility for fixed price listings)	$0.50	$0.50	$0.50	$0.50	N/A
物品同时刊登于2个物品分类中 (List in two categories)	Insertion and advanced listing upgrade fees apply for each category. Final value fees are charged once per item, if your item sells			Insertion and advanced listing upgrade fees apply for each category. Final value fees are charged once per item, if your item sells	
页面设计 (Listing Designer)	$0.10	$0.20	$0.30	$0.60	$0.30
物品定时刊登 (Scheduled Listing)	N/A	N/A	Free	Free	$0.10 (free for Real Estate listings)
副标题 (Subtitle)	$1.00 ($0.50 for Real Estate listings)	$3.00	$1.50	$6.00	$1.50
超值套装(Value Pack) It combines Gallery Plus, Subtitle, and Listing Designer for a discounted fee	$1.15 ($0.65 for Real Estate listings)	$3.15	$2.00	$6.50	$2.00

刊登拍卖产品时，为了保证利润，可以设置拍卖底价。刊登费根据底价不同而不同，底价越高，刊登费越高。仅限拍卖物品优化刊登功能费率如表2.5所示。

表2.5 仅限拍卖物品优化刊登功能费率

优化刊登功能费(Advanced listing upgrade)	物品价格 (Item's price)	费用 (Fee)
1或3天在线 (1 or 3-day duration)	Any price	$1.00
International site visibility for auction-style listings	$0.01–$9.99	$0.10
	$10–$49.99	$0.20
	$50 or more	$0.40
拍卖底价(Reserve price Minimum price that must be met for your item to sell)	Any price*	$5.00 or 7.5% of reserve price, whichever is greater (maximum fee $250)
Reserve price in select Business & Industrial categories: • Heavy Equipment, Parts & Attachments > Heavy Equipment • Printing & Graphic Arts > Commercial Printing Presses • Restaurant & Food Service > Food Trucks, Trailers & Carts	Any price*	$5.00

4) eBay费用的支付

eBay账单日根据店铺开店日期的不同分为月中(每月15日左右)和月末。卖家可以在 My eBay→Account→Seller Account 页面查看，每月支付一次。卖家可以用PayPal账户或者信用卡支付。

2. 开通 eBay 店铺的费用

eBay 店铺订购周期有两种：月度订购周期和年度订购周期。而在 eBay 美国站点，eBay 提供了五种不同级别的店铺，订阅费如图 2.15 所示。

图 2.15　eBay 美国店铺订阅费

在 eBay 平台销售，卖家每个月都会获得一些免费刊登的 Listing 条数，称为 Zero insertion fee listings，即卖家可以利用这一优惠在大部分品类中进行免费刊登，只有在用完了这些免费刊登条数后，才需要支付后续的刊登费。而不同等级的店铺，每月免费 Listing 的刊登数量、刊登费及成交费的收取比例均不相同。店铺等级越高，免费刊登数量越多，且其他费用的费率越低。无店铺卖家和有店铺卖家(以美国站为例)的费率如表 2.6 所示。

表 2.6　eBay 不同店铺等级费率

每月额度	无店铺	Starter	Basic	Premium	Anchor	Enterprise
按月订阅(Monthly Subscription)	N/A	$7.95 /month	$27.95 /month	$74.95 /month	$349.95 /month	N/A
按年订阅(Yearly Subscription)	N/A	$4.95 /month	$21.95 /month	$59.95 /month	$299.95 /month	$2999.95 /month
每月一口价免费刊登数(Monthly Fixed price free listings)	50	100	250	1000	10000	100000
每月拍卖免费刊登数(仅 Coll & Fashion 分类)(Monthly Auction free listings)			250 (Collectable & Fashion)	500 (Collectable & Fashion)	1000 (Collectable & Fashion)	2500 (Collectable & Fashion)
一口价刊登费(Fixed Price Insertion Fee)	$0.35	$0.30	$0.25	$0.10	$0.05	$0.05
拍卖刊登费(Auction Insertion Fee)				$0.15	$0.10	$0.10

3. 如何定价：80/80 定律

在 eBay 上刊登产品，三大必缴的费用为：刊登费、成交费、PayPal 手续费。
80/80 定律的公式：市场价(含运费)×80%×80%≥(产品成本+货运成本)
这绝不是唯一的衡量标准，但这是一种有效的参考标准。
需理解以下三个概念。

(1) 市场价(含运费)：eBay 上的价格分为产品价格和运费，真正的市场价必须是两者相加的结果。

(2) 货运成本(实际运费)：真正的产品成本必须是产品本身的采购价格(产品成本)加上把产品运到国外的货运价格(货运成本)。

(3) 两个 80%：在 eBay 上卖东西，必须缴纳 eBay Fee &PayPal Fee 先乘 80%，是无论何种情况下必须达到的保本价(绝对底价)；再乘 80%，是建议的最低零售价(建议底价)。

示例：

1 个 XBOX 手柄的市场价(含运费)是 10 美元，先乘 80%，就是 8 美元，即真正的产品成本一定不能高于 8 美元(若汇率为 1∶6.8，约 55 元人民币)。再乘 80%，就是 6.4 美元(约 44 元人民币)。因此，真正的产品成本，最好控制在 44 元人民币以下，最高不能超过 55 元。

货运成本是根据所选物流方式以及发货国家计算的实际运费，可以自行称产品重量或问供应商。例如：递四方的报价里，新加坡邮政小包的价格去全世界都是一样的。各个地区的报价可能略有差异，按照每千克 88 元为例：如果产品重量是 500g，邮费就是 44 元；如果产品重量只有 50g，那么邮费只有 4.4 元。假定 XBOX 手柄比较精确的毛重为 350g 左右，每千克邮费是 88 元，350g 的运费就是 30 元。

回顾一下上面提到的"真正的产品成本，最好控制在 44 元以下，最高不能超过 55 元"。货运成本是 30 元的话，理想的产品采购价应该控制在 44-30=14 元以内，最高不能超过 55-30=25 元。

最终的产品定价要参考市场价，所以建议底价并不是建议定价。

如果市场价高于建议底价，说明利润不错；如果市场价低于建议底价，就不太理想；如果市场价连绝对底价都不到，那么这款产品就放弃这个市场。

2.2.3　eBay 数据加工厂——Seller Hub

eBay 为了帮助卖家改进买家体验，快速提高销量与业绩，在 US/UK/DE/AU/IT 五大站点上线了全新版"数据加工厂"——Seller Hub，供所有卖家免费试用。"数据加工厂"——Seller Hub 是 eBay 卖家管理物品和销售的得力工具，不仅帮助卖家在同一页面显示账户情况，完善导航和订单管理，节省卖家的操作时间，并且通过两大特色功能"Performance"和"Growth"实现卖家销售业绩的倍增。

该"工厂"主要包含六大"部门"：Overview(账户总览)；Orders(订单页面)；Listings(刊登详情)；Marketing(促销推广工具)；Performance(业绩报告、关于账户的分析)；Growth(刊登的相对排名以及竞争对手的对比)。

1. 账户总览(Overview)

Overview用同一个界面显示帮助卖家完善导航和订单管理，节省卖家操作时间。特别是"Tasks"(优先处理任务)部分，把来自eBay的讯息、回答产品问题、回应取消交易请求以及待打印运单等日常需要卖家处理的工作内容统一整合在一起，通过这一部分，卖家可以更加清晰地安排每天的任务。卖家也可以通过页面右上方的"customizing"来个性化定制功能总览页面，如图2.16所示。

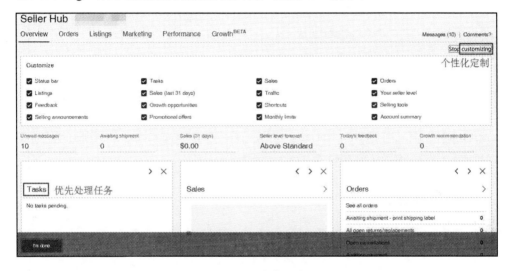

图2.16 账户总览

2. 订单页面(Orders)

Orders最长可保留过去90天内的售出记录，帮助卖家查看售出情况，管理不同状态的订单，并轻松批量地管理订单。订单页面如图2.17所示。

(1) Awaiting shipment(待发货订单)：卖家一定要在自己承诺的Handling time(处理时间)内及时地安排发货。

(2) Paid and shipped(已付款发货的订单)：对于已经发货的订单，卖家要做好实时的物流追踪工作，积极地和买家做好沟通，避免物流低分和纠纷。

(3) Cancellations(取消的交易)：及时地取消交易，拿回成交费。如果取消订单时选择I am out of stock(缺货)这个原因，成交费是无法返还的，并且会计入不良交易。

建议卖家一定要做好库存管理，避免因缺货取消订单。

（4） Returns(退货请求)：积极地和买家沟通解决问题，避免升级成物品与描述不符的纠纷。如果买家选择的退货理由是和卖家有关，卖家一旦接受退货，不论卖家退货政策如何设定，都要卖家提供退货运费或者发货标签给买家。

（5） Cases(纠纷)：主要是 Item Not Received(物品未收到纠纷)和 Item Not As Described(物品与描述不符的纠纷)。

（6） Shipping labels(运送标签)：目前只适用于使用 eBay Labels 发货的卖家。

（7） Archived(存档订单)：对于已存档的订单，最多可保留 4 个月的记录。

（8） Return Preferences(退货偏好设置)：卖家可通过退款金额或退货原因设置自动退货规则，是直接 Send a refund(退款)还是 Accept a return(接受退货)，提高卖家响应的效率，提高买家体验度。

图 2.17　订单页面

3. 刊登详情(Listings)

Listings 功能用来批量管理现有的在线产品以及更加容易地进行刊登产品。

Listings 是 Seller Hub 中的重要板块之一，它包含了 Create listing(创建 listing)；Active(管理在线刊登)；Unsold(管理未售出的刊登)；Drafts(草稿箱)；Scheduled(设置

上线时间)；Ended(管理下线刊登)；Listing Templates(listing 模板)；Business Policies(业务政策)。如图 2.18 所示为刊登详情页面。

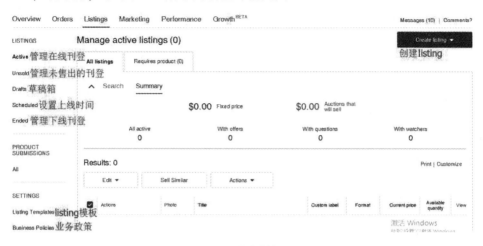

图 2.18　刊登详情页面

其中 Business polices(业务政策)可设置统一的 Shipping(物流)、Return(退货)和 Payment(付款)模板，方便卖家管理和调整。设置好之后，后期刊登 Listing 的时候，可直接应用对应的模板，如图 2.19 所示。

图 2.19　业务政策

4. 业绩报告、关于账户的分析(Performance)

Performance 部门主要负责从 Seller level(卖家评级总览)、Sales(销售报告分析)、Selling costs(销售成本报告)、Traffic(流量数据分析)、Impressions(曝光度分析)、Service Metrics(卖家服务指标)这几个方面对账户整体表现进行评估。

(1) Seller level(卖家评级总览)：单击卖家评级，即可直接跳转到 Seller Dashboard

(卖家成绩表)查看详细信息。

(2) Sales(销售报告分析)：根据此报告，卖家可以查看近 31 天该站点的总体销售情况；分析近 31 天与之前 31 天的销售数据对比，了解交易量是否有增长或跌落；了解每日销售量和销售成本的支出与回报；关注每条 Listing 的销售情况，找到高回报率的产品，加大该类产品的投入力度。

(3) Selling costs(销售费用报告)：卖家可以根据此报告看到近 31 天总体销售成本数据；分析近 31 天销售成本和销售额的占比情况；查看具体各项费用的分布情况；进行每条 Listing 的销售成本分析。

(4) Traffic(流量数据分析)：在此报告中，卖家应该特别关注以下几方面。

- Listing impressions on eBay(曝光度)：物品出现在买家搜索结果页面。
- Listing page views(浏览量)：访问页面的数量。
- Click-through rate(点击率)：买家点击查看了卖家的物品。
- Sales conversion rate(转换率)：销量除以页面浏览量。
- Transactions from all traffic(交易量)：成交的交易量。

对以上指标进行分析，根据曝光度、交易量、浏览量的高低会出现以下几种组合。

- 高曝光低浏览的刊登：表示买家在列表页看到刊登但点击率不高。可以尝试通过优化图片质量、打折促销、海外仓发货、免运费等方法吸引买家点击。
- 高浏览低成交的刊登：表示买家查看了刊登详细页却没有购买的情况。可以尝试优化物品描述、更多促销、退货保障、适当使用 Best Offer 等方法提高购买率。
- 高成交低浏览的刊登：表示刊登从浏览到成交的转化率较高，但是出现在买家的搜索结果页的机会较少。需要通过优化关键字和物品属性等方式提高曝光率。

(5) Impressions(曝光度分析)：曝光度应引起卖家的足够重视，单独以一个报告形式呈现，卖家可以看到近 31 天账户总体曝光度数据；对比过去 31 天的曝光度情况；分析账户曝光度的具体来源。

(6) Service Metrics(卖家服务指标)：eBay 向卖家提供新的竞争见解以及服务指标和同行表现基准，以提高买家"物品与描述不符"和"物品未收到"请求状态的可见性。卖家可查看"描述不符"(SNAD)的退货请求数及"未收到商品"(INR)的申诉数；和同行服务指标的比较；买家售后请求的原因分析。这些服务指标可以帮助卖家识别未满足买家期望的物品刊登，并更好地管理自己的业务。

卖家服务指标会在每月 20 日被重新评估并更新，根据最新政策，2018 年 6 月 1 日前的表现不会被纳入评估，具体评估方式如表 2.7 所示。

表 2.7 卖家服务指标评估方式

评估周期	卖家类别	评估范围	示　例
•每月 1 次 •每月 20 日进行	3 月内交易笔数≥400 笔	前 3 个月的服务水平	如 2018 年 10 月 20 日,评估 7 月、8 月、9 月的服务水平
	3 月内交易笔数<400 笔	前 12 个月的服务水平	如 2018 年 10 月 20 日,评估 6 月、7 月、8 月、9 月的服务水平

根据评估结果,如果与同行相比,卖家在 eBay 的交易中服务指标表现不佳(SNAD 和 INR 售后请求率非常高),可能需要承担表 2.8 所示的后果。

表 2.8 卖家服务指标表现不佳的后果

指标种类	美国/加拿大	澳洲	德国/法国/意大利/西班牙	生效日期
某些品类"商品描述不符"(SNAD)频率非常高	该站点该品类商品收取额外 4% FVF	该站点该品类商品收取额外 2% FVF	不收取额外费用	2018 年 10 月 1 日起生效,当月依据上月周期性评估结果
某些地区"未收到商品"(INR)频率非常高	该站点所有向该地区销售的商品适用更长的预计送达时间			2018 年 11 月 1 日起生效,当月依据上月周期性评估结果

注:"该站点该品类商品"(针对 SNAD)是指卖家 SNAD 售后请求非常高的某站点中某品类中的所有商品。例如,在卖家服务指标评估中,卖家在 ebay.com 站点中 Clothing, Shoes& Accessories 品类里 SNAD 频率非常高,那么在 ebay.com 销售的所有 Clothing, Shoes& Accessories 类别下的商品将被征收额外成交费 FVF。

"该站点所有向该类地区销售的商品"(针对 INR)是指卖家 INR 请求非常高的对应销售站点及销售目的地所属类别的所有商品。

5. 刊登的相对排名以及竞争对手的对比(Growth)

Growth 主要负责从 Listing improvements(待改善刊登)、Sourcing guidance(产品品类趋势指引)、Restock advice(库存补充建议)几方面对卖家提供相应的服务。

1) Listing improvements(待改善刊登),特别关注

(1) Analyze listing:分析产品与同类产品在曝光、浏览、转换率等方面的对比,同时分析出该类产品在过去 90 天各个平台综合售出的价格区间,能更好地帮助卖家找到产品的短板,进一步进行调整。

(2) Recommended price:根据产品在各个平台上的售出情况得出的推荐价格,不单单是参考 eBay 的价格。该功能目前仅 US/DE 站点全面开放,其他站点陆续推出中。

(3) Days unsold：卖家对在线超过 3 个月且未售出的产品一定要进行优化，否则该类产品会影响整体账户曝光度。

小建议：切记账户的销售业绩不仅取决于价格，还有很多其他因素，如竞争对手、账户表现、产品质量及服务、前期售出情况等，故卖家针对产品做调整的时候，一定要从多角度出发。

2) Sourcing guidance(产品品类趋势指引)

可通过以下两种方式进行品类指引：①关键词分类法：直接输入"smart watch"，即可进入位置。②目标类目分类法：以"smart watches"为例，找到其所在的刊登类目。

搜索结果分析如下。

- Seasonality(季节性)：针对有季节性变化的产品，做到应季开发。
- Price breakdown(价格区间)：对买家普遍接受的价格区间产品进行开发。
- Top opportunities(市场需求)：综合分析买家的喜好，如品牌、系列，发现市场的精准需求。

小建议：卖家一定要关注自己站点产品品类趋势，有重点地进行品类分析。

3) Restock advice(库存补充建议)

卖家可以看到 low stock listings(低库存产品)：基于该类产品当前的销售情况，预估该产品在接下来四周时间可能会出现售空状况，提醒卖家及时补充库存量。

小建议：针对长期在线物品，如果担心因未能及时补充库存而导致产品被下架，可以开启 eBay 的"零库存保护功能"(方法：Account→site preference→out of stock)。

小贴士：如果卖家进行多站点销售，要分别订购相应站点的 Seller Hub(复制以下链接到浏览器打开)。

US：www.ebay.com/sellerhub。
UK：http://sellercentre.ebay.co.uk/seller-hub。
DE：http://verkaeuferportal.ebay.de/verkaeufer-cockpit-pro。
AU：http://www.ebay.com.au/sh/waitlist。
IT：https://www.ebay.it/sh/ovw。

2.3 eBay 平台产品刊登

2.3.1 刊登要求

1. HTTPS 安全规范强制刊登要求

根据 Google 最新的安全规范要求，eBay 强制要求所有的物品描述中必须符合 HTTPS 安全规范，否则无法刊登。

2019 年 1 月 28 日起，US、UK、CA 站点及其他站点(DE、FR、IT ES、AU 等)所有全新刊登，包含"new, relist, sell similar"和"sell like one this items"的操作中，物品描述中将不能出现不安全的 HTTP 链接(如 HTTP 图像、Javascript、CSS)，所有链接必须是 HTTPS 安全链接，否则刊登无法上线。

长期在线刊登 (GTC) 按期自动更新上架不受影响，建议及时更改，以免影响销售。注：Good'Til Cancelled listing(GTC)，是指这条一口价的 listing 会每 30 天被 eBay 自动循环上线，除非这条 listing 的库存被卖完，或者该 listing 被卖家/eBay 下架。eBay 也会每 30 天收取一次 GTC listing 的刊登费。

2. 产品识别码(Brand / MPN / UPC)要求

eBay 使用物品的品牌名称(Brand Name)、制造商零件编号(MPN)和全球贸易项目编号(GTIN)，如通用产品代码(UPCs)和国际标准书号(ISBN)等，来帮助买家快速找到他们想要的物品。对卖家来说，提供这些产品识别码不仅可以提高物品在 eBay 搜索结果和导航中的曝光机会，还可以改善在谷歌和必应这类搜索引擎中的排名。产品识别码是多数产品都有的通用编码，用以帮助买家在 eBay 站点上及其他搜索引擎上找到该产品。

GTC，多属性刊登产品识别码强制填写，如果没有，请填写"does not apply"。

(1) 长期在线刊登强制要求填写产品识别码，否则将无法完成自动更新上架。

(2) 多属性刊登 (Multi-variation listings)的产品识别码 (Brand/MPN/GTIN)强制填写。全球贸易项目代码(GTIN)是国际公认的一种产品识别码。如果生产商提供 GTIN，它会显示在产品包装或书籍封面上的条形码旁边。对于格式不正确的 GTIN 识别码，eBay 站点系统将会生成错误。这些错误会阻碍卖家的物品刊登成功。如表 2.9 所示为合格的 GTIN 识别码格式。

表 2.9 合格的 GTIN 识别码格式

GTIN 识别码	说 明	使用范围	格 式
通用产品代码(UPC)，也称为GTIN-12 和 UPC-A	商品的数字识别码，通常与零售商品上面印刷的条形码有关	主要在北美洲使用	由 12 位数字组成
欧洲商品编码(EAN)，也称为GTIN-13	商品的数字识别码，通常与零售商品上面印刷的条形码有关	主要在北美洲以外的地区使用	通常由 13 位数字组成(偶尔可能也由 8 位或 14 位数字组成)
日本商品编码(JAN)，也称为GTIN-13	商品的通用数字识别码，通常与零售商品上面印刷的条形码有关	仅在日本使用	由 8 位或 13 位数字组成

续表

GTIN 识别码	说 明	使用范围	格 式
国际标准书号(ISBN)	自 1970 年起出版商业书籍时使用的数字识别码,可以在书籍背面找到,与条形码放在一起	全球使用	ISBN-10:由 10 位数字组成(后一位可能为"X",代表数字"10")。注意,此格式已在 2007 年被弃用,而且并非所有书籍都能以 ISBN-10 来代表
			ISBN-13(建议使用):由 13 位数字组成,通常以 978 或 979 开头

2.3.2 刊登步骤

精美的产品刊登,能有效吸引买家来浏览商品,进而促进成交。因此,很多高销量的产品背后,除了优质的产品本身之外,精美的 Listing 编辑也至关重要。一条刊登信息包含七大部分,即分类设置(Category)、标题(Title)、物品属性(Item specifics)、物品详情描述(Item description)、图片(Photos)、销售详情(Selling details)、物流服务详情(Shipping details)。本节以美国站为例展示 eBay 平台刊登的步骤。

1. 分类设置(Category)

选择准确的分类可提高产品在搜索结果中的排名顺序,卖家可通过搜索与物品相关的关键字来查看其他卖家选择的分类。选择分类需注意:务必选择和产品最接近、最适合的分类;分类选择错误的情况下可能会降低产品的曝光;卖家选择的分类,将影响物品售出后支付的成交费比例。

以 eBay.com 为例,先进入 Seller Hub,在 Listings 选项卡下选择 Create listing。卖家可以直接在 Tell us what you're selling 输入框中输入想要售卖的产品关键词,例如 desk。eBay 根据输入的关键词弹出相应的产品所属分类供选择,卖家可以选择相应的分类进行下一步,也可以不选分类,直接单击 Get started 蓝色按钮进行下一步,如图 2.20 所示。

当产品特性可以属于不同的分类时,可根据实际情况将此产品刊登在两个产品大类下,这样产品在两个分类搜索中,都有机会被买家找到。

例如:一张办公桌既可以归属到 Home & Garden 产品大类下,属于家庭使用的家具,也可以归属到 Business & Industrial 产品大类下,属于商用办公室家具。在创建刊登的 Listing details 页面,第一分类 Category 中,已经选择了 Home & Garden>

Furniture>Desks & Home Office Furniture。卖家可以单击 Second category 后的 Add a second category 按钮，进行第二分类的选择，如图 2.21 所示。

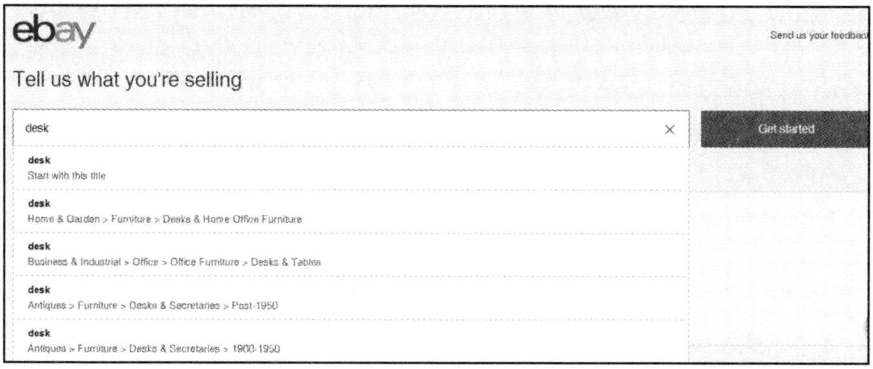

图 2.20 desk 关键词分类推荐

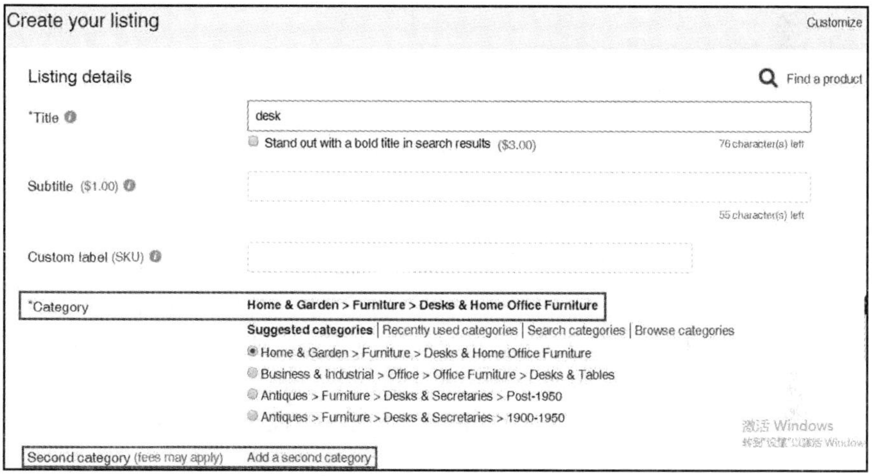

图 2.21 添加第二分类

产品刊登添加第二分类，eBay 会收取相应的费用：刊登费以及该 listing 上所选用的升级功能费用(例如副标题等)都会按照两个分类收取。收费细节参考表 2.4 特色功能费率。

2. 标题(Title)

标题主要为产品主要性质、功能的描述。副标题为标题的补充，限制为 55 个字符，需另外收费。物品标题可输入多达 80 个字符，尽可能地充分利用系统允许的 80 个字符，将物品特征介绍给买家，让买家在了解物品重要信息的同时，也增加物品关键词的搜索量和浏览量，带动销售。

关于刊登标题的注意事项如下。

(1) 确保标题单词拼写正确。

(2) 字数不够用时，不要删除空格。例如"for PS2 PS3"和"for PS2PS3"，看起来意思一样，但前者买家搜索"PS2"或"PS3"时能找到，后者只有搜索"PS2PS3"时才会找到。

(3) 字数有空余时，不得胡乱添加关键词。标题虽然越长就越有可能被人搜到，但是必须和产品相关，不要堆砌关键词。

(4) 严禁在标题中添加无关的标注符号，不得含有网站地址、电子邮件或电话号码。

(5) 不得含有亵渎或猥亵的语言，不得使用任何可能会牵涉到政府的词语。

(6) 不得使用以下单词："Prohibited、Banned、Illegal、Outlawed"。

(7) 不得使用涉及侵权的关键词。刊登有品牌的物品时，物品必须是由品牌厂商生产的正规合法的物品。

3. 物品属性(Item specifics)

物品属性可为买家提供物品的细节详情，如品牌、尺寸类型、尺寸、颜色等。这些详情可以帮助买家在搜索产品时准确地筛选他们的需求，同时会按统一的格式显示在物品刊登内容描述中。eBay 鼓励尽可能详细地描述物品，有容易引起误解的，可以在 Item specifics 里面描述。

填写物品属性的操作步骤如下。

(1) 在详细的物品刊登设置页面中有 Item specifics 模块，即物品属性模块。eBay会根据卖家设置的关键词即分类信息，推荐一些相关的属性信息，请尽量完整地填写物品属性，有的物品属性会有默认值，如正确请确认，如不正确请修改。

(2) 单击 Add your own item specific 按钮，创建自定义物品属性，如图 2.22 所示。

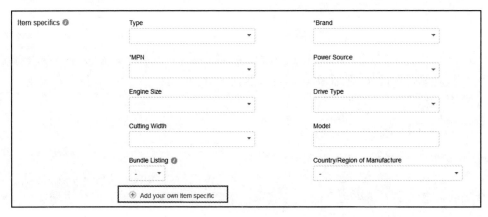

图 2.22 物品属性

4. 物品详情描述(Item description)

物品详情描述的目的是向潜在客户描述售卖的产品，提供完整准确的产品细节。一般选择文字描述，增强产品的相关性，更容易被客户搜索到，尤其是产品的参数部分，写成文字形式便于修改。为照顾移动端的用户，详情描述尽量避免过于花哨繁杂。

编辑物品详情描述的步骤如下。

(1) 在详细的物品刊登页面中有 Item description 模块，即物品描述设置模块，单击 Standard 标签后直接输入物品描述，或单击 HTML，使用 HTML 代码加入较复杂的物品描述。

小贴士：

- 尽量避免使用复杂的字体或过多的颜色。
- 提供常见问题，解决买家在决定购买前可能遇到的问题。
- 标明店铺政策，如收付款政策、物流政策、退换货政策。
- 说明工作时间(以当地时区时间展示)，写明将在收到邮件后多久给予买家答复。

在物品描述中切勿包括以下内容。

- 任何不实的陈述。
- 任何误导买家的信息，如与物品无关的"关键字/Keywords"，这些是违反 eBay 刊登政策的行为。
- 禁止或受管制的内容。
- 未经许可的情况下，使用品牌商标或抄袭其他卖家的物品描述内容。
- 可能导致买家不满的要求或说明。

(2) 在 HTML 中编辑输入完成 HTML 代码后，单击 Standard 标签，可查看编辑后的效果。

(3) 如果直接在 Standard 选项卡中编辑，可利用工具条对物品描述进行简单的排版设置，如图 2.23 所示。

图 2.23 编辑物品详情描述

5. 图片(Photos)

优质的照片能有效地吸引买家浏览商品页面,很多高销量商品除了本身品质杰出以外,物品照片也起到了至关重要的作用。高质量的图片不仅会增加销量提升的机会,而且能使刊登在搜索结果、物品浏览页和移动设备上的效果看起来更棒。卖家可为刊登的物品上传多达 12 张免费橱窗照片。

图片上传的操作步骤如下。

(1) 在物品刊登页面有 Add photos 模块,在此上传的照片会显示在物品页面(View item page)左上角非常显眼的位置,上传的物品首图同时会显示在 eBay 的搜索页。

(2) 单击 Add photos 按钮上传图片,如图 2.24 所示。

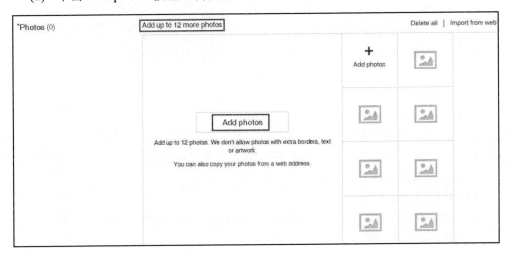

图 2.24　上传图片

(3) 第一张图片是主图,显示为 Main photo。如果上传后发现图片没有按预期排序,可拖动图片调整位置。

6. 销售详情(Selling details)

eBay 提供两种不同的售卖方式,分别是一口价(Fixed price)和拍卖(Auction-style)。不论是用"一口价/ Fixed Price"形式还是"拍卖/Auction-style"形式刊登物品,都需设置物品的售卖方式、价格及可售数量等信息。如图 2.25 所示为售卖方式及价格。

1) Format(售卖方式)

物品的刊登方式包括"拍卖/Auction-style"方式、"一口价/Fixed price"方式、"拍卖/Auction-style"和"一口价/Fixed price"方式并用,卖家可综合各种因素选择合适的刊登方式。

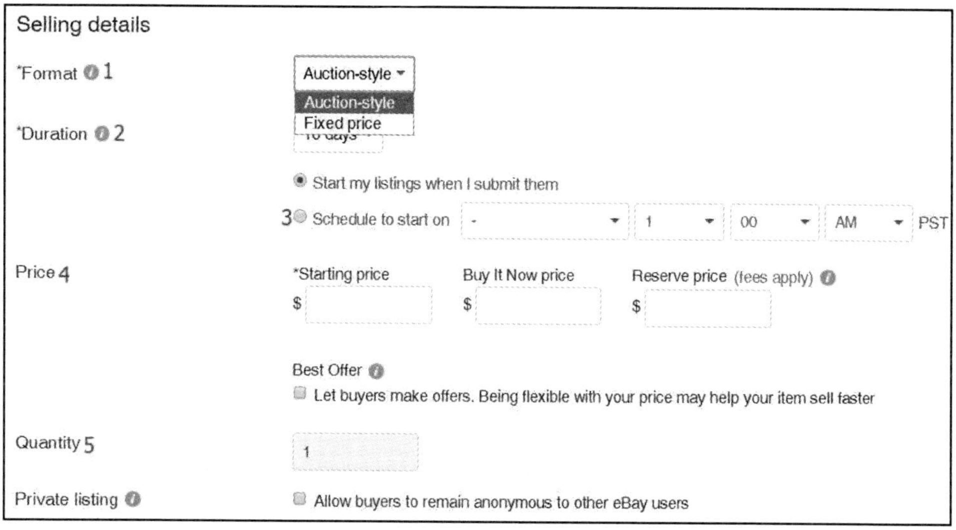

图 2.25 售卖方式及价格页面

2) Duration(刊登在线持续时间)

在 eBay 上刊登商品时,需要指定一个 Listing 在线的时间。

如果是一口价刊登:可以选择 3 天、5 天、7 天、10 天、30 天的在线时间。同时也可以选择 Good'Til Cancelled(即 GTC)模式的 Listing 在线时间。

如果是拍卖形式刊登:可以选择 3 天、5 天、7 天、10 天的在线时间。如果 eBay 账户回评数超过了 10 个,则还可以选择 1 天的拍卖在线时长选项。1 天和 3 天的拍卖在线时长是需要额外收取费用的。

3) Scheduling listings(预刊登)

卖家可以在完成撰写一条 Listing 后直接发布上线,也可以为刊登 Listing 指定一个未来上线的时间(最长 3 周)。这样可以在方便时撰写编辑 Listing,控制 Listing 上线和结束的时间。

4) Price(设定物品价格)

关于价格设定,有些实用的特色辅助功能,如"一口价"中的议价功能,"拍卖"中的一口价功能,"一口价"中的多款式刊登功能。这些辅助功能对促进买家购买起到意想不到的作用,卖家可根据刊登物品的需求灵活运用。

(1) 设置"一口价/Fixed price 方式"物品价格步骤。

在 Format 售卖方式模块中,选择 Fixed price 以"一口价方式"销售物品。在 Buy It Now price 下方文本框中输入"一口价"物品的销售金额。

"议价/Best Offer"功能是指卖家针对某件商品允许买家的讲价,再决定是否接受买家提出的价钱。卖家可自定义自动接收和自动拒绝的议价价格。如图 2.26 所示为议价功能。

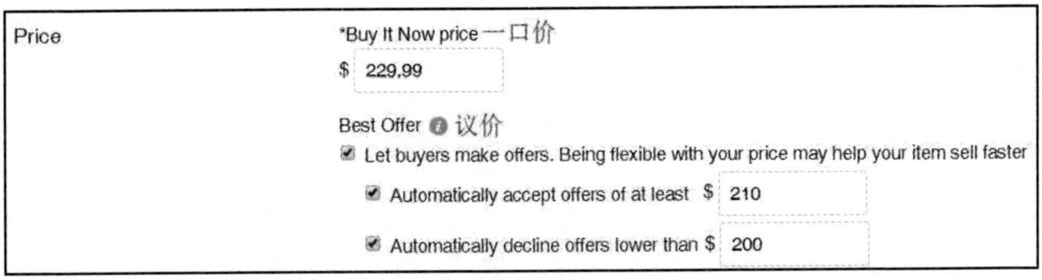

图 2.26 议价功能

(2) 设置"拍卖方式"物品价格步骤。

在 Format 售卖方式模块中，选择 Auction-style 以"拍卖方式"销售物品。在 Starting price 下方文本框中输入物品的起拍价。

很多卖家发现，起拍价过高难以吸引买家出价，起拍价过低又可能令物品以低价成交，可以在"保底价/Reserve price"下方文本框中，输入该物品的保底价格。如果拍卖物品没有超过预设的"保底价/Reserve price"，可以选择不出售该商品。使用保底价功能时，是需要支付一定的费用的。

(3) 设置"拍卖"和"一口价"物品价格并存的步骤。

在 Format 售卖方式模块中，选择 Auction-style 以"拍卖方式"销售物品。在 Starting price 下方的文本框中输入物品"拍卖"的起拍价，在 Buy It Now price 下方的文本框中输入物品的"一口价"价格，即在设置物品"拍卖"价格的同时设置"一口价"。

5) Quantity(设定物品可售数量)

卖家需严格根据库存及时调整物品可售数量，避免出现仓库有货、刊登物品页面没货，或刊登物品页面有货、库存没货的情况发生，以免给买家带来不良购物体验，导致卖家账号面临风险。

小贴士：

- 选择用"拍卖方式/Auction-style"刊登物品，只能拍卖一件物品。
- "Lots/批发"功能允许卖家一次向买家出售多件商品，适合 eBay 上的批发商使用，或者提供 B2B 业务。

6) Payment options(付款方式选项)

卖家可在 Payment options 中选择更适合的付款政策。如有额外的付款说明，可在 Additional checkout instructions (shows in your listing)中填写。如图 2.27 所示为付款方式选项。

7) Return options(退货选项)

卖家可为每条刊登设置国内及国际退货的退货政策。如图 2.28 所示为退货选项。

物品所在地(Item Location)、买家注册国家=相同国家→运用国内退货政策

物品所在地(Item Location)、买家注册国家≠相同国家→运用国际退货政策

卖家能够灵活设置及更新国内及国际退货的不同标准。例如：同一件商品，可以选择国内免费退货，对国际退货收费。

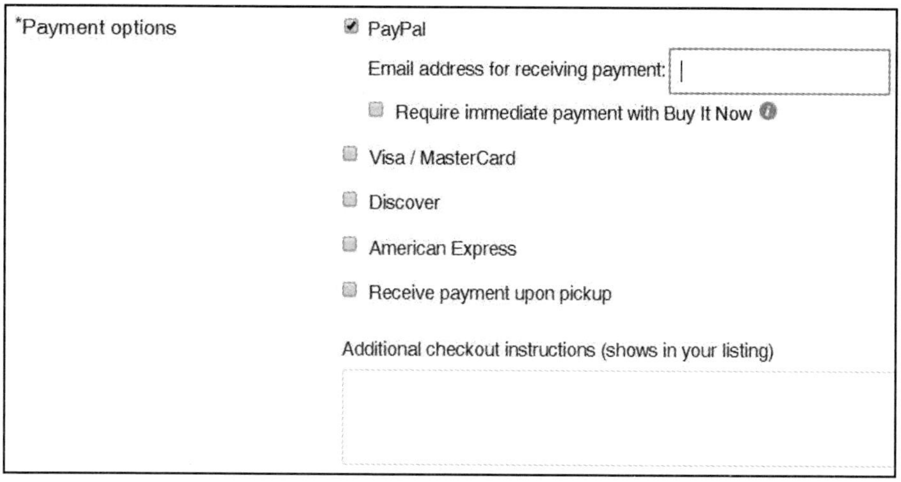

图 2.27　付款方式选项

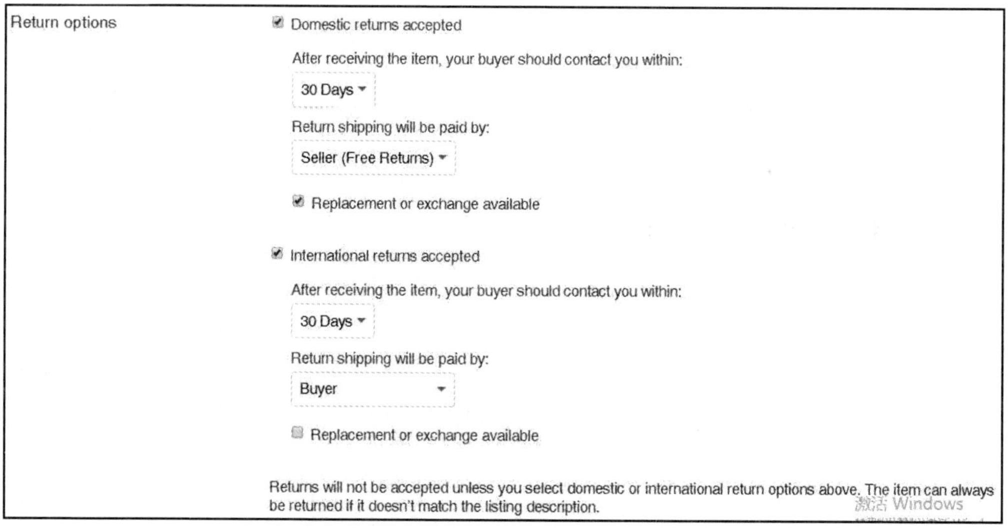

图 2.28　退货选项

为提升退货体验，eBay 部分站点启用了自动化退货流程，如表 2.10 所示。

表 2.10　自动化退货流程

自动化退货流程	美国	英国	澳洲	加拿大	德国	法国/意大利/西班牙
自动接受买家退货并提供退货的快递标签	√	×	√	×	×	×
收到退货商品后，卖家需要在指定工作日内进行退款	2 个工作日	2 个工作日	3 个工作日	2 个工作日	2 个工作日	2 个工作日
如卖家没有在指定工作日内处理退款，eBay 将进行自动退款，且确保卖家不受任何负面影响	√	√	√	√	√	×
强制沟通期限(SMIR)	3 个工作日	8 个自然日	3 个工作日	3 个工作日	10 个自然日	3 个工作日

7. 物流服务详情(Shipping details)

物流服务详情(Shipping details)模块，可设置发往美国的 Domestic shipping 及国际配送 International shipping。

(1) 设置发往美国的物流服务，在 Domestic shipping 下的复选框中选择 Flat:same cost to all buyers 为每件物品设定固定运费；Calculated:Cost varies by buyer location 为不同地区的买家设置不同运费；Freight:large items over 150 lbs 为超过 150 磅的大型物品设置运费；No shipping:Local pickup only 将物品设置为限本地自提，无运费。如果售卖的物品是普通小件物品，可选择 Flat:same cost to all buyers，如图 2.29 所示。

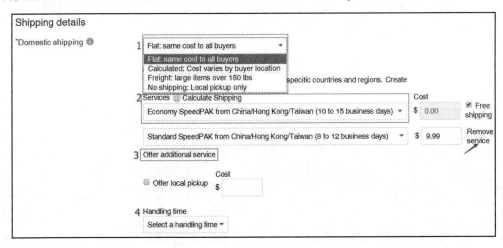

图 2.29　设置发往美国的物流服务

(2) 在 Services 下的复选框中可设置具体的运送服务，在 Cost 下面的文本框中可填写物品运费，当然也可以勾选 Free shipping 复选框，将物品设置为包邮。

(3) 单击 Offer additional service 按钮可为 Listing 增加更多运输服务选项,如不需要,可单击 Remove service 按钮取消。

(4) 在 Handling time 下的复选框中可选择物品的处理时间。处理时间(handling time)是指从卖家收到买家的付款后,到发货后得到扫描信息之间的时间。处理时间只计算工作日,周末和假期不计入,每一天结束的时间以太平洋时间 11:59:59pm 为截止。

(5) 如果卖家提供国际物流服务,可在 International shipping 区域中设置除美国外的国际配送细节,在 Ship to 下的复选框中可选择要寄送的目的地。请谨慎使用 Worldwide 选项,因为部分国家可能无法送达,可选择 Choose custom location 自定义目的地,如图 2.30 所示为国际物流服务。

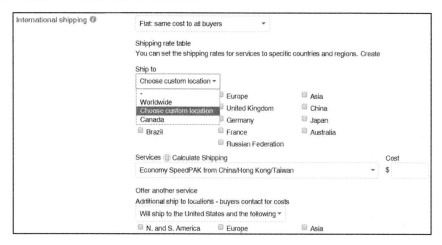

图 2.30　国际物流服务

(6) 对于小包发货的产品,卖家可自定义屏蔽风险较高的国家,主要是丢包或者部分国家信用问题。在 Exclude shipping locations 中设置不能运达的国家/地区,可单击 Create exclusion list 来创建不能运达的国家/地区列表。

(7) Item location(物品所在地),根据实际发货地填写国家、城市和省份,如图 2.31 所示。

小贴士:
- 卖家必须如实填写物品所在地;一般情况下物品所在地需与账户注册信息相符,如果物品所在地确实在外地或其他国家,需要在商品描述中做详细说明,以避免日后不必要的交易纠纷。
- 运费的设置要与物品所在地相匹配。例如:注册信息为中国,物品所在地为美国,物品被一个美国买家拍下,运费价格需与美国当地运费相匹配,而不能设置为中国到美国的运费。

- eBay 不允许卖家刊登不正确或不实的物品所在地资料，违反此政策的用户，将会受到以下惩罚：a.取消刊登；b.于取消刊登时没收已缴纳的 eBay 费用；c.限制账户权利；d.取消"超级卖家"资格；e.冻结账户。

最后，检查 Listing 费用，预览、修改 Listing，单击 List item 就成功刊登了。

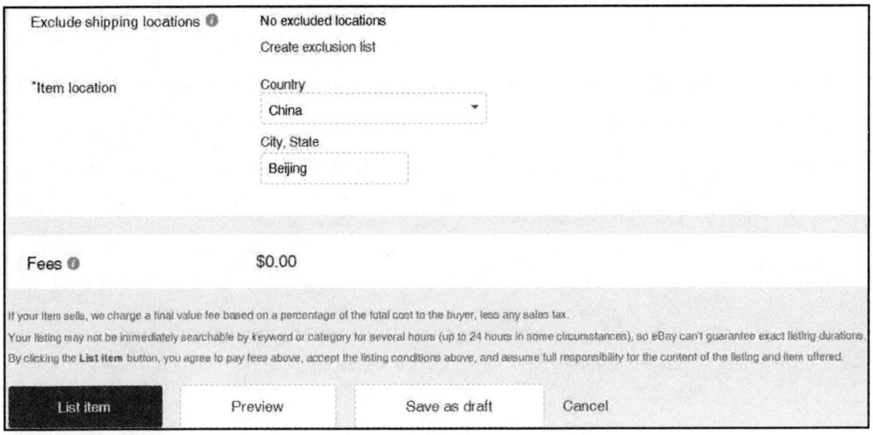

图 2.31 物品所在地

2.4 订单管理与发货

2.4.1 订单管理

学会处理收款、发货、评价等问题，可以减少或避免纠纷。

1. 发送账单(Send Invoice)

发送账单(Send Invoice)通常适用于以下情景。
- 当一位买家购买了多件产品，希望将这些产品合并在一张订单中时。
- 如果卖家希望对于交易的某一些细节进行修改调整时，例如：修改物流费用等。
- 如果买家拍下物品后，并未直接结账付款，卖家可以在买家拍下物品的 30 天内发送账单提醒买家付款。

(1) 当一位买家购买了多件产品，卖家可以将其购买的产品合并到一张订单中，这样不但可以节省时间，同时可以给予买家一定的物流费用折扣。

合并订单之前，卖家首先需要在账号设置中开通合并 Payment 这一选项。

进入网站偏好设定(Site Preferences)。既可以从 Seller Hub 的 Shortcuts 模块中单击 Site preferences 进入；也可以从 My eBay 下的 Account 选项卡中的 Site Preferences 进

入,如图 2.32 所示。

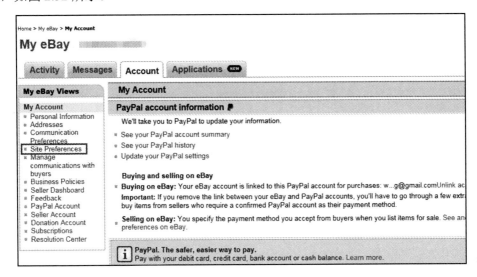

图 2.32　网站偏好设定

在 Site Preferences(网站偏好设定)里,找到 Shipping preferences(运送偏好设定)下拉选项中的 Offer combined payments and shipping(提供合并结账和运费),单击 Edit(编辑)按钮。如图 2.33 所示为运送偏好设定。

图 2.33　运送偏好设定

在 Combined payments(合并结账)选项下,选择 Edit;在 Edit Combined Payments(编辑合并结账)处,选择 Allow buyers to send one combined payment for all items purchased(允许卖家为所有购买物品合并结账)复选框,然后选择可合并结账的期限(推荐 30 日),单击 Save(保存)按钮。如图 2.34 所示为合并结账和运费。

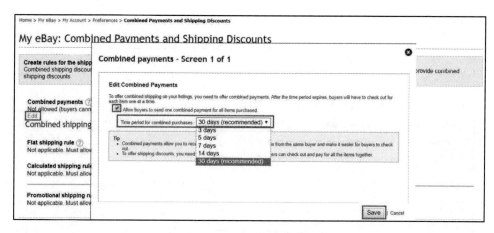

图 2.34　合并结账和运费

(2)　卖家可以在 Seller Hub 中向买家发送账单。

在 Seller Hub 中选择 Orders 选项卡，找到相关的产品。在 Actions 栏中，选择 Send invoice。如图 2.35 所示为发送账单。如果有需要，还可以修改相关细节，例如修改物流费用等，再单击 Send invoice。

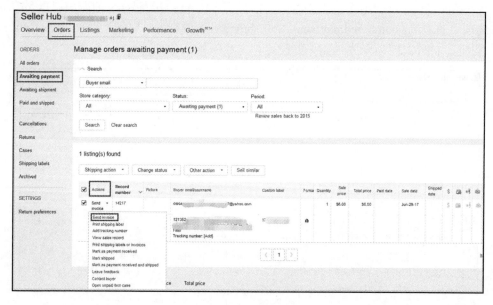

图 2.35　发送账单

2. 取消交易

1)　买家未付款时取消交易

按照 eBay 的会员合约以及出价不买处理规则，买家须对他所承诺购买的物品付款。为提醒买卖双方尽早完成交易，eBay 会在买家拍下物品时立即发送系统邮件通知买卖双方，并在卖方发送的账单中提醒买家付款。

如果买家拍下产品后迟迟未付款，建议采取下列方式。

(1) 积极联系买家，了解买家未付款的原因。很多时候，买家可能并没有注意到他已经赢得了竞拍，或不了解需要多少物流费用，或不清楚应如何完成支付。卖家可以在 Seller Hub 的 Orders 选项卡中，找到 Awaiting payment(待付款)栏中相应的产品，单击 Action 中的 Contact buyer 联系买家。

(2) 发送账单提示。在产品售出后 3~30 日之间，向买家传送善意的付款提示。

(3) 到调解中心(Resolution Center)开启未付款纠纷(Unpaid item case 即 UPI case)。如果买家仍未回复，卖家可在产品售出后的 4~32 日之内到调解中心提出未付款纠纷。开设路径有两种：Seller Hub→Orders→Awaiting payment→Actions→Open unpaid item case。如图 2.36 所示为开启未付款纠纷-1。

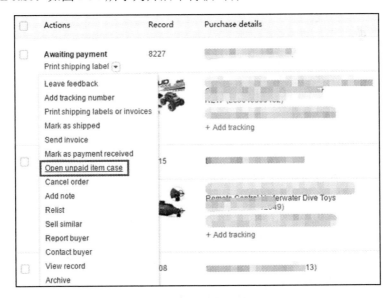

图 2.36　开启未付款纠纷-1

或者 My eBay→Account→Resolution Center→Resolve a problem→I haven't received my payment yet。如图 2.37 所示为开启未付款纠纷-2。

开启了未付款纠纷后，买家有 4 天时间来回应支付。在第 5 天，如果卖家仍未收到买家的付款，就可以去 Resolution Center(调解中心)手动关闭 case，并在"是否收到买家付款"栏，选择 NO。这笔未付款的纠纷就会被关闭，同时 Final Value Fee(成交费)会被返还给卖家，而且这次未付款纠纷会被记录到买家账号中。手动关闭未付款纠纷非常重要。如果卖家 36 天内未手动关闭纠纷，eBay 将会自动关闭纠纷，但是不会返还成交费，同样这笔未付款记录也不会被记录到买家账号中。下列情况例外：卖家和买家双方都希望撤回交易；或者买家或卖家提出撤回交易的申请发起纠纷时买家已不是 eBay 注册会员。卖家提出申诉后，eBay 核对该买家已不是注册会员，卖家可立即获得该笔交易成交费的返还。

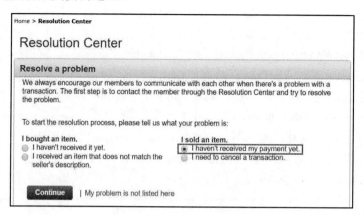

图 2.37　开启未付款纠纷-2

（4）再次出售物品。卖家可通过"卖给其他出价者"(Second Chance Offer)功能将物品出售给其他出价者，也可重新刊登物品，且有可能获得刊登费退款。

关于"未付款"纠纷涉及的信用评价问题如下。

即使双方已达成协议不再完成交易，买家和卖家仍可在涉及出价不买的交易中为彼此留下信用评价。eBay 建议所有会员对交易伙伴留下适当的信用评价。如果卖家向买家提出"未付款"个案，买家因未在限期内回复通知而收到警告，系统将会移除所有该买家曾留下的差评和中评的信用评价。

eBay 专业卖家还可以使用 Unpaid Item Assistant，即 UPI 小助手，来自动管理未付款订单。当买家没有付款时，UPI 小助手可以自动帮助卖家开启、关闭未付款纠纷，来节省卖家的时间，并且不会因为卖家忘记关闭纠纷而导致成交费不能返还。

开启 UPI 小助手的方法如下。

（1）进入 My eBay 中 Account 选项卡下的网站偏好设定(Site Preferences)。

（2）在 Site Preferences(网站偏好设定)里，找到 Unpaid Item Assistant(UPI 小助手)，如图 2.38 所示。

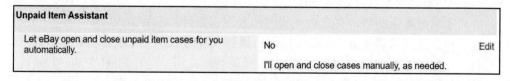

图 2.38　UPI 小助手

（3）单击 Unpaid Item Assistant 项下的 Edit(编辑)按钮，如图 2.39 所示为弃标个

案助理偏好设定，单击 Save(保存)按钮。

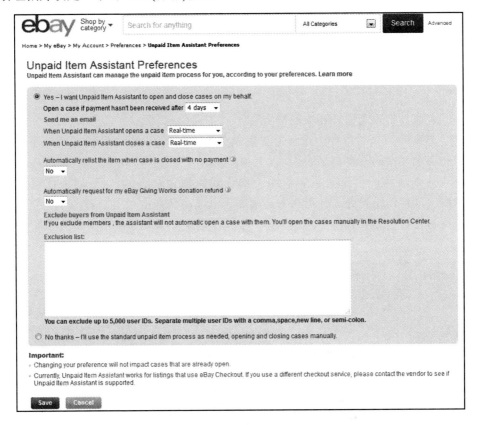

图 2.39　弃标个案助理偏好设定

2) 买家已付款后取消交易

eBay 规定，买家只能在交易发生后 1 小时内提出取消交易的请求，且如卖家已上传跟踪号或已标记发货，则买家不能提出该请求。

如果买家提出了取消交易请求，卖家将有 3 个工作日的时间响应，可选择以下几种。

(1) 卖家同意取消——eBay 将会退还成交费；买家不能再留中差评低分；卖家同意取消后，需要在 10 个工作日内退款，10 日后买家可以开启个案 (case)。

(2) 卖家拒绝——交易将继续进行。

(3) 卖家不回应——超过 3 个工作日卖家没有回应，等同于卖家拒绝，交易将继续进行。

关于买家提出取消交易，eBay 建议卖家可以做以下几方面。

(1) 请尽量同意买家取消交易请求，在交易发生 1 小时后再标记发货。

(2) 如果取消交易，请务必在 10 个工作日内完成退款。

3) 卖家取消交易

如果卖家卖出一件物品，买家已成功付款，买卖双方相当于签订了交易合同，双方必须在诚信的基础上完成交易。因为种种原因导致无法完成交易，卖家可在 eBay 的纠纷调解中心(Resolution Center) 取消交易，同时还可获得成交费返还。

极少数情况下，卖家可能需要取消交易。当卖家取消交易时，不会对买家有不利影响。

(1) 买家与卖家沟通，要求取消交易。

(2) 卖家因为产品本身的原因无法完成交易(如库存不足)，在这种情况下，取消交易将会影响卖家的不良交易率。

(3) 特别注意，"未付款"纠纷不属于卖家取消交易的状况(如果已有"未付款"纠纷或其他纠纷正处于开启状态，卖家无法取消交易)。

从交易之日起 30 天内，卖家均可以取消交易。具体卖家取消交易流程如图 2.40 所示。

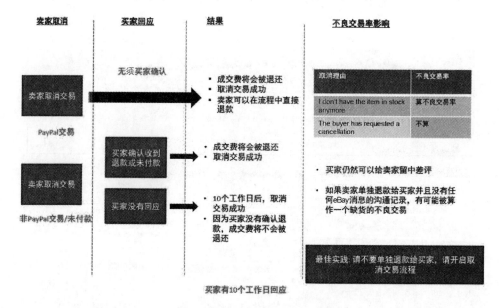

图 2.40 卖家取消交易流程

3. 评价管理

在完成产品交易后请积极为对方留下信用评价，卖家可以通过这个机会，分享与买家交易的经验。设置信用评价系统的目的，是鼓励买卖双方以诚实、积极与公正态度完成交易，并通过这个系统，评估交易对象的诚信度。

eBay 卖家好评率指的是买家给卖家留好评的比例，是将过去 12 个月的好评除以好评和差评的总数。其中同样一个 ID 在一周内购买的重复评价不会计算在内。好评率的计算如图 2.41 所示。

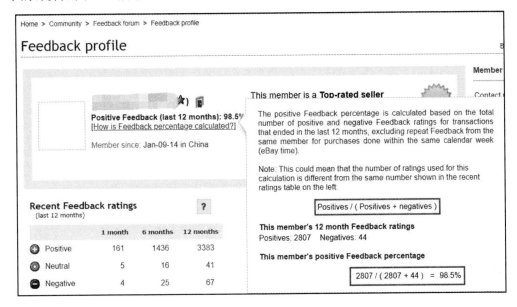

图 2.41 好评率的计算

1) 给买家手动留评

卖家可以通过 Seller Hub 或 eBay 的"信用评价论坛",为买家留下信用评价,让买家在第一时间感受到对他真挚的感谢,步骤如下。

(1) 以 eBay 美国站点为例,进入 Seller Hub 页面的 Orders 选项卡,找到需要评价的那个订单。

(2) 在 Actions 栏中选择 Leave feedback 选项。

(3) 留下评价后单击 Leave feedback 按钮,如图 2.42 所示。

2) 回复买家评价

多数买家交易后会给卖家留下中肯的评价,如果买家留下的是好评,卖家可通过回复评价对买家表示感谢;如果买家留下的是中差评,卖家可通过回复评价解释,并提供给买家相应的解决方案,问题解决后真诚地恳求买家修改评价。请按照下面步骤回复买家评价。

(1) 在 My eBay 页面,单击 Account 进入"账户"页面。

(2) 在"账户"页面,单击左侧边栏中的 Feedback,进入"评价管理"页面。

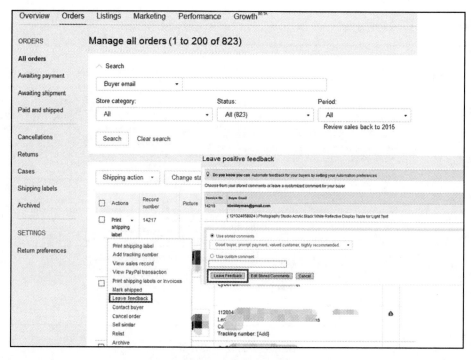

图 2.42　给买家手动留评

(3) 在"评价管理"页面，单击 Go to Feedback Forum，进入"评价反馈论坛"页面。

(4) "评价反馈论坛"页面如图 2.43 所示，在 Feedback tools 模块中单击 Reply to Feedback received，进入"回复买家评价"页面。

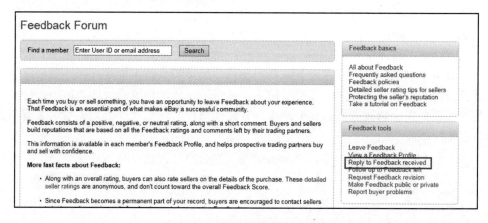

图 2.43　"评价反馈论坛"页面

(5) 在"回复买家评价"页面，在 Find Feedback 旁的文本框中填入需要回复评价的买家账号或物品编号,单击 Find Feedback 按钮查找需要回复评价的订单,或者在下方评价列表中找出需要回复的买家评价,并单击评价对应的 Reply 按钮,如图 2.44 所示。即可进入"回复指定评价"页面。

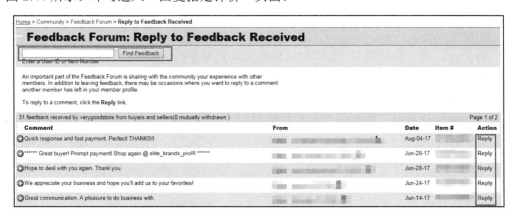

图 2.44 "回复买家评价"页面

(6) 在"回复指定评价"页面,在 Reply 右侧的文本框中回复已收到的信用评价,单击 Leave Reply 按钮,即可成功回复。

注意:
- 为买家留下信用评价十分重要,可借此了解其他会员的交易经验。
- 卖家只能为一个信用评价回复一次,发表的内容不能再次编辑和取消。
- 信用评价的内容必须以事实为依据,同时避免人身攻击。
- 留下回复不会改变卖家的信用指数。
- 如果与买家发生纠纷,请不要急着留下回复,应该先试着与对方联络并解决问题。
- 回复的内容须在 80 个字符以内(一个英文字母为一个字符)。

2.4.2 eBay 认可的物流方式政策

1. 使用 SpeedPAK 物流管理方案及其他物流服务的政策要求

无效的国际货运追踪编号、投递延误,以及无法追踪货物状态是买家进行跨国交易时最主要的忧虑,而不稳定的运送情况以及错误虚假的追踪编号都会直接影响买家再次购买的意愿。

为了保障买家的权益,确保买家有良好的购买体验而持续地在 eBay 上消费,并且帮助各卖家在 eBay 市场上保持竞争力,生意能不断增长,eBay 公布了 SpeedPAK 物流管理方案及其他物流服务的政策要求。

为了确保准确评估账户表现，eBay 强调：

(1) 卖家需确保上传的跟踪号是指定物流服务商提供，是唯一且有效的，在 eBay 页面上能显示有关运送的信息。卖家可在承运商的网站上测试自己的跟踪号是否有效。

(2) 上传跟踪号时正确选择该编号对应的承运商(Carrier Name)。

(3) 上传跟踪号时确保填写正确，避免输入额外字符如标点符号等。

SpeedPAK 物流管理方案是 eBay 联合物流战略合作伙伴橙联科技股份有限公司共同打造，以 eBay 平台物流政策为基础，为 eBay 大中华区跨境出口电商卖家量身定制的直邮物流解决方案。该物流方案具有与 eBay 平台对接、物流时效快、揽收扫描及时、受 eBay 平台保护等优点。

为进一步提高 eBay 平台整体物流水准、改善海外买家物流体验，针对卖家销往美国、英国、德国、澳大利亚、加拿大的高单价直邮商品，eBay 要求卖家使用 SpeedPAK 物流管理方案及其他符合政策要求的物流服务达到一定比例。针对至 2019 年 1 月底交易的要求，eBay 于 2019 年 2 月 10 日评估日正式执行(评估交易周期为 2019 年 1 月 20 日～2019 年 2 月 2 日)。针对至 2 月底交易的要求，eBay 于 2019 年 3 月 17 日评估日正式执行(评估交易周期为 2019 年 2 月 24 日～2019 年 3 月 9 日)。针对至 3 月底交易的要求，eBay 于 2019 年 4 月 14 日评估日正式执行(评估交易周期为 2019 年 3 月 24 日～2019 年 4 月 6 日)。具体要求如表 2.11 所示。

表 2.11　eBay 关于使用 SpeedPAK 物流管理方案及其他物流服务的政策要求

考察交易时间	每周二对账户的表现进行评估。第一次评估于 2018 年 8 月 13 日开始，考察的交易窗口为 14 天，即 2018 年 7 月 22 日至 2018 年 8 月 4 日，依次类推			
考察交易(分母)	刊登站点	路向	必须达到合规比例要求的单价*定义
	美国	中国寄往美国	>5 美元
	英国	中国寄往英国	>5 英镑
	德国	中国寄往德国	>5 欧元
	澳大利亚	中国寄往澳大利亚	>8 澳元
	不限站点	中国寄往加拿大**	按不同刊登站点，美国：>6 美元；英国：>5 英镑；德国：>5 欧元；澳大利亚：>8 澳元；加拿大：>8 加元；其他站点：>6 美元
	以上考察交易仅指从中国大陆发货的交易。发货地点原则上以物品刊登所标注的物品所在地为准，同时，eBay 会审核发货地点的真实性。 *单价(包括单个物品产生的平均运费)。 **另，寄往加拿大货物总价值(不含运费)超过 20 加元的包裹不在考核范围之内			

续表

合规交易(分子)	合规交易须同时符合以下要求。 • 使用 SpeedPAK 物流管理方案及其他符合政策要求的物流(参考表 2.12)，请注意所使用的服务等级必须和买家选择的等级一致或更高。 • 及时取得揽收扫描。 • 卖家提供且买家选择 SpeedPAK 物流选项或特快型物流选项(美国、英国、德国三个路向的评估，从 1 月底的交易开始考察这一要求，澳大利亚路向的评估从 2019 年 2 月底的交易新增本条要求，加拿大路向暂时不做要求)					
合规比例要求		美国	英国	德国	澳大利亚	加拿大
	至 2019 年 1 月底	60%	50%	50%	30%	50%
	2 月底	75%	60%	60%	40%	50%
	3 月底	90%	70%	70%	50%	50%
	如果卖家同一账户在多个区域都有销售，则各个区域须同时满足使用比例要求，不达标卖家将有可能会受到警告或不同程度的销售限制					

数据来源：https://exportnews.ebay.com.hk/Home/other_category/82

表 2.12 SpeedPAK 物流管理方案及其他符合政策要求的物流服务列表

服务名称	适用路向	上传跟踪号码时所使用的 Carrier Name	跟踪号上传站点	跟踪号段规则	当买家选择特快型物流服务时是否可用	当买家选择标准型物流服务时是否可用	当买家选择经济型物流服务时是否可用
FedEx Worldwide Services (联邦快递全球服务)	美国、英国、德国、澳大利亚、加拿大	FedEx	美国、英国	12 位数字	是	是	是
DHL Express Services (DHL 国际快递服务)		DHL	美国、英国、德国	10 位数字	是	是	是
UPS International Shipping Services (UPS 国际快递服务)		UPS	美国	H+10 位数字或 H+6 位数字和字母的组合+10 位数字	是	是	是

续表

服务名称	适用路向	上传跟踪号码时所使用的 Carrier Name	跟踪号上传站点	跟踪号段规则	当买家选择特快型物流服务时是否可用	当买家选择标准型物流服务时是否可用	当买家选择经济型物流服务时是否可用
中国香港橙联科技股份有限公司 SpeedPAK 服务(标准型)	美国、英国、德国、澳大利亚、加拿大	eBay eDIS 平台会自动上传跟踪号码,卖家无须再做上传。对于通过 API 上传追踪号的卖家,请将 Carrier Name 设置为 SpeedPAK		ES+26 位数字和字母组合	否	是	是
中国邮政 EMS 类服务		China Post	美国	CX/CY+9 位数字+CN 或 E+1 位字母+9 位数字+CN	否	是	是
中国香港邮政 EMS 类服务		Hong Kong Post	美国	EA/EB/EE/EG +9 位数字+HK	否	是	是
中国香港橙联科技股份有限公司 SpeedPAK 服务 (经济型)	英国、德国	eBay eDIS 平台会自动上传跟踪号码,卖家无须再做上传。对于通过 API 上传追踪号的卖家,请将 Carrier Name 设置为 SpeedPAK		EE+26 位数字和字母组合	否	否	是

数据来源:https://exportnews.ebay.com.hk/Home/other_category/82

2. 货运问题交易保护政策

如果卖家不能按照 eBay SpeedPAK 物流管理方案及其他物流服务的政策要求运送产品,有关卖家的账户可能会受到不同程度的销售限制等,严重者甚至会导致账户冻结。

为方便卖家的产品刊登,eBay 已在八大站点(美国、英国、德国、澳大利亚、法国、意大利、西班牙、加拿大)新增以下 SpeedPAK 专属物流方式。

- 经济型服务:Economy SpeedPAK from China/Hong Kong/Taiwan (10 to 15 business days)。
- 标准型服务:Standard SpeedPAK from China/Hong Kong/Taiwan (8 to 12 business days)。
- 加快型服务:Expedited SpeedPAK from China/Hong Kong/Taiwan (5 to 9 business days)。

通过 SpeedPAK 渠道发货的商品，卖家需选择相对应的 SpeedPAK 专属物流方式进行刊登。

针对正确使用 SpeedPAK 物流管理方案的交易，eBay 会在大中华区货运表现评估中做相应保护。对于卖家正确使用 SpeedPAK 物流管理方案时所产生的货运问题，"物品未收到"纠纷(INR)和物流服务低分(Low Ship Time DSR)会在货运表现评估中被移除。具体保护条件如下。

(1) 卖家提供且买家选择 SpeedPAK 物流选项(仅适用于寄往美国、英国、德国、澳大利亚路向，刊登站点分别为美国站点、英国站点、德国站点、澳大利亚站点的直邮交易)。

(2) 卖家在承诺处理时间内获得有效收件扫描。

(3) 卖家须根据买家的选择使用相对应或更高级别的 SpeedPAK 物流管理方案，即：

- 当买家选择特快型物流服务(Expedited Shipping)时，卖家须使用 SpeedPAK 特快型服务。
- 当买家选择标准型物流服务(Standard Shipping)时，卖家须使用 SpeedPAK 标准型或特快型服务。
- 当买家选择经济型物流服务(Economy Shipping)时，卖家须使用 SpeedPAK 经济型、标准型或特快型服务。

2.5 eBay 卖家政策标准及账号安全

2.5.1 eBay 卖家政策标准

1. 卖家表现评级政策

eBay 一直希望买家在 eBay 平台上获得良好的购物体验，因此针对卖家行为制定了基本的标准，期望卖家始终向买家提供优质的服务。卖家表现级别分为"高度评价卖家"(Top Rated Seller)、"优良卖家"(Above Standard)和"待改善卖家"(Below Standard)。

eBay 在每月 20 日评估卖家级别。如果卖家在过去的 3 个月里完成了 400 笔以上的交易，eBay 将评估卖家在这 3 个月里的表现。如果卖家在过去的 3 个月里完成的交易少于 400 笔，eBay 将评估卖家在过去 12 个月里的表现。

eBay 的卖家表现评估考核项如下。

1) 不良交易率(Transaction defect rate)

不良交易率包括卖家未解决纠纷或由卖家原因造成的交易取消(如缺货等)两种情况。不良交易率的考评标准如表 2.13 所示。

表 2.13　不良交易率的考评标准

不良交易率考评	纠纷百分比	纠纷数量上限
Top Rated Seller	<0.50%	<3 笔
Below Standard	>2%	>4 笔

请注意，只有卖家与美国买家进行的交易才会计入卖家在 eBay.com 站点上的卖家表现评级。

2）卖家未解决的纠纷(Cases closed without seller resolution)

卖家未解决而结束的纠纷数目，是评估卖家表现的重要指标，可以显示卖家在 eBay 上达到买家期望的程度，同时可以评估卖家的整体表现。

卖家未解决的纠纷是指买卖双方出现交易纠纷未能及时解决(如 INR 纠纷或 SNAD 纠纷)，要求 eBay 介入并帮助解决，且 eBay 判定为卖方责任。所有卖家必须达到的有关纠纷及时处理方面的标准，如表 2.14 所示。在卖家账户已经超出纠纷数量的上限时，纠纷百分比要求将适用。

表 2.14　卖家未解决的纠纷标准

纠纷类型	纠纷百分比	纠纷数量上限
卖家未能解决的纠纷	0.30%	2

注：对于任何升级至 eBay 或 PayPal 要求审查，eBay 或 PayPal 确定责任不在卖家或者确定买家或卖家均无过错的任何纠纷或退货请求，将不会计入卖家的卖家表现评级。

3）延迟运送率(Late shipment rate)

如果追踪信息显示卖家的产品在承诺处理时间(stated handling time)内具备有效的收件扫描或在预计送达日期(estimated delivery date)之前送达，eBay 将认为卖家准时运送了物品。如果没有可用的追踪信息，eBay 将与买家进行核对。如果买家在留下信用评价的页面里回答了是否在预计送达日收到产品的问题(on-time delivery question)，并确认"是"，eBay 将认为卖家准时运送了物品。

仅在下列情况下，eBay 才会认为卖家的物品延迟送达：追踪信息显示，物品在预计送达日期之后送达，而且在卖家注明的处理时间内没有物品接收扫描信息，或者买家没有确认物品准时送达，或者买家确认物品在预计送达日期之后送达，而且在卖家注明的处理时间内没有物品接收扫描信息，或者在预计送达日期之前没有物品送达确认信息。

延迟运送比率(%)=有运送延迟问题的交易总数/纳入运送延迟比率运算的交易总数，延迟运送率达到 Top Rated Seller 的指标≤3%或 6 笔交易。

4）及时上传有效物流信息(tracking uploaded on time and validated)

及时上传有效物流信息这一项 Top Rated Seller 的标准是≥95%(以美国站点

为例)。

按时运送的最佳实践如下。
- 在物品刊登中承诺卖家能实现的处理时间。
- 选定与物品刊登中描述一致的运送服务。
- 在承诺的处理时间内将包裹运达邮局/快递公司。
- 使用具有追踪显示的物流方案并及时上传有效的追踪信息。

2. 查询卖家成绩表

卖家可以在卖家成绩表(Seller Dashboard)中查看自己在满足来自美国、英国、德国和全球市场的买家预期方面的卖家表现。取得并保持"高度评价卖家"身份,可享多重优惠,如刊登排序会较高(更多买家会看到卖家的物品)、享成交费折扣,并在符合条件的刊登中显示"高度评价卖家"徽章。

(1) 以 eBay 美国站点为例,进入 eBay 登录页面,完成登录,进入 My eBay 页面。

(2) 在 My eBay 页面中单击 Account,进入"账户"页面,单击左侧边栏里的 Seller Dashboard,进入"卖家成绩表"页面。

(3) "卖家成绩表"页面上方是"卖家成绩表摘要总览"区域,会显示卖家级别和各组成项目的详细数据。查看"卖家标准方案"中其他国家/地区的状态,点选"卖家成绩表摘要总览"区域的下拉菜单,查看不同站点的评估表现。点选 Current Seller level(目前的卖家级别)或 If we evaluated you today(预估卖家级别),如图 2.45 所示,分别查看目前的卖家级别和评估表现总览。预估的卖家级别每日更新,卖家可每日查看各表现项目,了解自己的成绩及哪些方面可以改进。

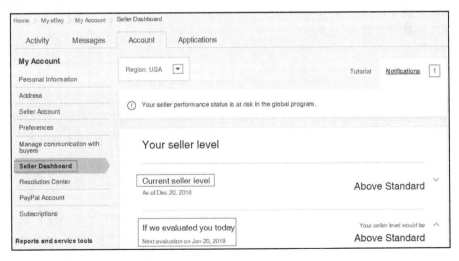

图 2.45　查询卖家成绩表

单击 See monthly breakdown 查看“表现趋势数据表”，如图 2.46 所示。“表现趋势数据表”中会列明评估卖家级别时纳入考虑的每一个项目，卖家可根据各项详细资料有针对性地改善。卖家可在“表现趋势数据表”Select breakdown 右侧的复选框中选择以百分比或以数目为计算方式。

Your monthly breakdown

As of Jan 01, 2019. Region: Global

Select breakdown: Quantity

Quantity

% of transactions

	Aug 2018	Sept 2018	Oct 2018	Nov 2018	Dec 2018	Jan 2019
Transaction defect rate						
Transactions you canceled	0	0	0	0	0	0
Cases closed without seller resolution	0	0	0	0	0	0
Cases closed without seller resolution	0	0	0	0	0	0
Late shipment rate	0	0	0	0	0	0
Number of transactions						
Transactions	0	0	0	0	0	0

What we show in these columns can still change if we get new data

图 2.46　表现趋势数据表

2.5.2　纠纷和中差评处理

1. 修改中差评

卖家无法给买家打差评或中评，意味 eBay 需要建立除互评体系外的其他机制来保护卖家权益，eBay 的具体措施有以下几方面。

(1) 卖家可以在商品列表上添加买家条件来避免恶意买家，比如互评分值低于某个标准的买家无权购买该商品，当前在该商铺购买商品多于某个界限的买家无法购买该商品，或依据用户 ID 限制特定买家购买。

(2) 非拍卖卖家可以要求买家使用 PayPal 即刻全额付款。

(3) 被恶意评论或评分的卖家可以向 eBay 举报中心投诉，在查实之后，eBay 会删除不实评论或打分。受到勒索的卖家可将记录有“给我×××(额外好处)，不然就打差评”等形式的交谈记录作为证据向 eBay 投诉。

(4) “eBay 卖家保护部门”密切监视买家行为记录，对于多次要求退款或频繁给予卖家差评的买家，eBay 有可能冻结其账户或清除其留言及评分。

负面信用评价会对卖家店铺的声誉及刊登物品的销售带来不良影响，在留下中差评的 30 天内，买卖双方协商一致后卖家可发送修改链接给买家，请买家更改他们留下的中立或负面的信用评价。

卖家可按照下面步骤修改中差评。

(1) 进入"评价反馈论坛"页面(参考图 2.43)，在 Feedback tools 模块中单击 Request Feedback revision，进入"修改中差评"页面。

(2) 在"修改中差评"页面，点选需要修改评价的订单，在 Give the buyer a reason 下方点选对买家提出要求的原因，如图 2.47 所示。然后单击 Send 按钮，即将修改中差评的请求发送给买家，系统会同时寄一封请求修改中差评的电邮给买家。

图 2.47　修改中差评

提示：

- 每年仅能提出一定数目的修改信用评价要求，即每年每收到 1000 个信用指数，可提出 5 次修改信用评价的要求。
- 只有解决有关交易问题后，或认为买家不小心留下错误的信用评价，才能提出修改信用评价要求。
- 每个交易仅能提出一次修改信用评价要求。超过 30 日收到的信用评价，不能提出修改要求。
- 如果买家要求卖家提供刊登物品以外的商品或服务，才愿意更改信用评价，请向 eBay 报告该买家。

如果买家同意修改评价，可根据收到的邮件提示修改评价操作，当买家完成并提交了评价修改,卖家可在"评价管理"页面查看到。注意:修改评价请求发送出去后,则无法再次发送,每个卖家每个订单,只有一次提出修改的机会。修改评价请求发送后的 10 天内,可修改,过期则无法修改评价。评价只能修改一次,无法二次修改。

2. 物品未收到纠纷 INR(Item Not Received)

eBay 交易中,大多数物品能顺利送达。但当物品预计送达时间已经超过,买家未能及时收到物品时,买家可向卖家开启"物品未收到"纠纷。买家开设 INR 物品未收到纠纷的时限:买家可以在预估到达时间后 1 天开启 INR 纠纷且在预估到达时间 30 天后不能再开启 INR 纠纷。

一旦买家开启了一个物品未收到 INR 纠纷,eBay 将会把这次纠纷的相关信息整合在一封邮件中发送给卖家,同时,PayPal 账号中的这笔交易金额将被冻结,直至纠纷被解决,或者 eBay 认为卖家无责。

买家开启物品未收到纠纷后,卖家可以在邮件中查看,买家是要求退款,还是可以接受继续等到物品送达;也可以在调解中心页面(My eBay→Account→Resolution Center)查看开启的纠纷。卖家有以下三种回应的选项。

(1) 提供跟踪信息:卖家通过提供有效的物品包裹跟踪信息,来显示包裹的发货日期、送达日期以及送达的地址。如果物品价值超过 750 美元,需收件人的签收证明。

(2) 给买家退款:如果选择给买家退款,则需要将买家支付的全部金额(包括物流费用)退还给买家。当卖家没有有效地跟踪信息显示物品已经妥投,或者包裹的跟踪信息长时间没有更新(超过 10 天),eBay 还是可能决定由卖家负责退款给买家。之后,卖家将有 6 个工作日来处理退款,买家将会通过他们原来的付款方式获得这一次退款。同时卖家的成交费(Final Value Fee)也会在下期账单(Invoice)中被返还。

(3) 给买家发送信息:如果卖家希望尝试与买家沟通,一起解决这次纠纷,卖家可以选择 Send a message to the buyer(给买家发送信息)(例如,卖家可以尝试和买家沟通,请买家与其邻居查询一下,是否包裹在送达时,买家不在,包裹由邻居代收等情况)。

卖家有 3 个工作日的时间来相应解决这个问题,如果买卖双方无法在 3 个工作日内达成一致,双方都可以要求 eBay 介入帮助调查解决纠纷。

3. 物品与描述不符纠纷 SNAD (Significantly Not As Description)

提供宽松的退货政策不仅可以提升买家满意度,还能帮助卖家售出更多的物品。eBay 努力使退货流程达到买家期望的标准,让买家能快速获取退货运单,同时减少卖家花在处理买家退货请求上的时间。退货个案,如果未升级,不会被计入不良交易率。升级但卖家胜,则不计入;无论退货是不是 SNAD,请确保买家在升级个案前解决来避免不良交易率和不良纠纷。

退货请求开启时间：付款日期+2 天。退货原因分为买家原因和卖家原因，如表 2.15 所示。

表 2.15 退货原因

买家原因	卖家原因
1.Doesn't fit 不合适	1.Doesn't work or defective 不能正常工作或者有缺陷
2.Changed my mind 改变了主意	2.Doesn't match description or photos 与描述或图片不符
3.Found a better price 发现了更合适的价格	3.Wrong item sent 物品发错
4.Just didn't like it 只是不喜欢	4.Missing parts or pieces 零件或配件缺失
5.Ordered by mistake 买错	5.Arrived damaged 送达时已损坏
	6.Doesn't seem authentic 看起来不是正品

SNAD 纠纷最佳解决路径：由于卖家原因产生物品退货，一般流程是买家请求退货→卖家向买家提供退货标签，以便买家将物品退回给卖家→卖家跟进买家退回的物品状态→卖家收到退货及时退款。

在卖家提供免费退货服务的情况下，如果买家退回的物品状况不同于卖家运送时的物品状况，卖家现在可以仅向买家提供 5%～50%的部分退款。在卖家提供部分退款之后，买家有 10 个工作日可以要求 eBay 介入审核部分退款，eBay 会根据纠纷具体情况判断是否需要卖家补差额。

卖家收到买家的退货请求后，要注意以下几点

(1) 请务必在 3 个工作日(美国/加拿大/澳洲站)/8 个自然日(英国站)内回复买家的退货请求。回复的选项只包括 "接受退货""全额退款，买家保留物品"及"部分退款，买家保留物品"。

(2) 设置清晰的换货政策，这样换货选项才会显示给买家。

(3) 主动与买家沟通退货运费事宜。如果退货是由于物品与描述严重不符导致的，卖家应该承担运费。

(4) 务必在退回物品跟踪信息显示已送达后 2～3 个工作日内退款，退款应包括物品价格和原运费(对于物品与描述严重不符的退货，如果需要买家将物品寄回，卖家还需要负担退货运费)。

(5) 对于价格较低的物品，请考虑全额退款，因为这可能是省时高效的解决方式。

(6) 主动与买家沟通部分退款的金额，再提出一次性的提议。务必通过 eBay 的渠道(用户间留言系统)沟通，以便在纠纷升级后供客服参考。

(7) 只要请求是在卖家规定的退货期限内，尽量满足买家退货的请求。

(8) 如果卖家拒绝退货，请单独与买家沟通，表明拒绝的原因，让买家满意。

(9) 卖家需留意 eBay 客服代表寄的电邮，尤其是涉及一个已被设置 5 天暂缓期的个案。请尽量提供客服代表需要的信息。

2.5.3 买家体验报告

管理好账户面临的不仅仅是 eBay.com 的各种规则，还有困惑众多中国卖家的买家体验周报的考核，入口：登录 www.ebay.cn，进入卖家中心。如果账号因为买家体验周报中的考核受到了限制，有关卖家的账户可能会受到不同程度的销售限制。

1. 买家体验报告更新频率

每日更新内容：卖家等级状态及细分，申请销售额度自检，买家试图联系反映物品未收到提醒，不良交易趋势图。

每周更新：综合表现，非货运表现，货运表现，物流标准，海外仓标准，待处理问题刊登。

2. 卖家等级

卖家等级分为两个模块，数据与 Seller Dashboard 同步更新。

当前卖家等级：对应 Seller Dashboard 中的 Current seller level。

预测卖家等级：对应 Seller Dashboard 中的 If we evaluated you today。评估时间为 PST 太平洋标准时间。

3. 其他相关信息

(1) 申请销售额度自检：本报告帮助卖家自我检查是否符合申请提升销售限额的基本条件。在卖家联系 eBay 客服要求提升限额前，请先查看账户是否符合基本的申请条件，以免浪费时间。注意本报告每天更新一次，会与客服查阅的实时数据存在误差，最终以客服数据为准。

(2) 移动平台交易周报：本报告显示当前账号在各平台上的销售分布情况，作为卖家针对各平台制定销售策略的参考。每周更新。

(3) 物品属性使用率报告：本报告显示当前账户在某些分类中的 Item Specifics (物品属性)使用情况，通过提升使用率来提高搜索可见度和物品转化率。每周更新。

4. 问题提醒区域

1) 综合表现

优质的跨境电商应当使买家可以获得长期良好的购物体验，同时保持稳定的账户表现。eBay 提供过去一年甚至更长时间段的账户综合表现数据及当前账号状态，来帮助卖家及时了解过去一段时间内的综合表现。

问题交易包括：产品描述低分，物流时间低分，缺货，买家综合评价中差评，物品未收到纠纷，产品描述严重不符纠纷。

标准值：

- 低单价问题交易：过去 12 个月所有小于等于 10 美金的交易所产生的问题交易率不得超过 4%。
- 高单价问题交易：过去 12 个月所有大于 10 美金的交易所产生的问题交易率不得超过 6%。
- 综合问题交易：过去 12 个月的综合问题交易率不得超过 3%。
- 低单价问题交易量：过去 12 个月的单项交易量大于 20 笔。
- 高单价问题交易量：过去 12 个月的单项交易量大于 20 笔。
- 综合问题交易量：过去 12 个月的总交易量大于 50 笔。

注意：

(1) 当账户过去 12 个月总交易量小于等于 50 笔时，账号表现将显示为不考核，此时依然提醒卖家留意账户的实际表现，以避免受限。

(2) 综合问题交易率会根据不同的目标市场、货运方式、货品单价、货物品类等综合因素加以不同的权重计算。

2) 非货运表现

为了更好地帮助广大卖家控制交易损失，eBay 回顾过去 8 周的非货运问题交易，为卖家设定了预防为目的阶段性指标来控制问题交易率，以免受到 50%或 100%的销售限制，希望能引起卖家的重视。每周更新。

- 非货运问题交易包括：中差评交易、物品与描述不符 DSR 低分、物品与描述不符纠纷、物品与描述不符退货、卖家取消交易。
- 中差评交易：一旦买家留下了中差评，该交易就会被计入不良交易中，但是后续如果买家修改了评价，那么不良记录就会被系统自动移除。
- 物品与描述不符 DSR 低分：买家留下了低分，交易就会被计入不良交易中，但是买家修改了分数，不再是低分，那么不良交易也会被系统自动移除。
- 物品与描述不符纠纷：一旦产生了物品与描述不符的纠纷，就会被计入不良交易中，如果最后卖家赢得了纠纷，或者卖家通过申诉赢得了纠纷，不良记录是会被系统自动移除的。
- 物品与描述不符退货：买家开启了物品与描述不符的退货请求即会被计入不良交易中，并且记录是不可以被移除的。
- 卖家取消交易：卖家导致的取消交易会被计入不良交易中，如果卖家联系 eBay 申诉移除了取消交易的不良，那么在周报中的记录也会被系统自动移除。

状态说明：

(1) 正常：指账户的非货运表现符合标准值。

(2) 超标：指非货运表现已低于标准值，但此政策暂时未对该账号产生影响，是由于卖家的账号目前正受到其他 eBay 政策的限制，8 周非货运问题交易表现暂时未对该账号产生影响，但是卖家仍需优化改善问题交易表现。

(3) 警告：指目前账号因非货运表现低于标准值的情况受到警告，若未及时改善，该账号将会受到销售限制，包括额度限制甚至导致账号冻结。

(4) 限制：指目前账号因非货运表现低于标准值的情况受到销售限制。

3) 货运表现

物流的时效性对于跨境电商至关重要。为了帮助卖家及时追踪和控制货运表现，eBay 提供了近期关于"物品未收到"纠纷及运送时间 DSR 低分相关的货运数据及当前账号货运表现状态。

- 运送时间 DSR 低分：如果买家修改了分数不再是低分，那么对应的记录也会被系统自动移除。
- "物品未收到"纠纷：买家一旦开启了物品未收到纠纷，就会被计入不良交易中。如果之后 eBay 介入，判了卖家赢，或者卖家通过申诉赢得了纠纷，那么这笔交易就会从不良交易中被移除掉。
- 标准值：评估以下两个时间段货运问题交易率的表现情况。任一时间段未能达标都会受到预警或不同程度的额度限制。

  a. 过去 8 周所有到全球交易所产生的货运问题交易率。

  b. 过去第 12 周到第 5 周所有到全球交易所产生的货运问题交易率。

状态说明：

(1) 正常：指账户的货运表现符合标准值。若表现状态显示为正常，但实际数据处于限制状态，这是由于交易量小，不计入审核。

(2) 超标：指货运表现已低于标准值。若状态为超标，代表货运问题交易率已处于限制状态，但此政策暂时未对卖家账号产生影响。可能存在以下三种情况。

- 卖家的账号目前正受到其他 eBay 政策的限制，但是卖家仍需改善自己的表现。
- 本次交易时间段产生的问题交易已受到过此政策的警告或限制。
- 账号使用易递宝(或以上)服务以及易邮宝服务的比例达到一定要求，并且货运问题交易率距离标准值在可控制范围内。

(3) 警告：指目前账号因货运表现低于标准值的情况受到警告，若未及时改善，该账号将会受到销售限制，包括买卖限制甚至导致账号冻结。

(4) 限制：指目前账号因货运表现低于标准值的情况受到销售限制。

4) 物流标准

SpeedPAK 物流管理方案及物流选项使用状态，该模块包括以下两部分考查指标。

(1) SpeedPAK 物流管理方案及其他符合政策要求的物流服务使用情况，该检查项显示出账号在：
- 美国>5 美元直邮交易。
- 英国>5 英镑直邮交易。
- 德国>5 欧元直邮交易。
- 加拿大>8 加元直邮交易。
- 澳大利亚>8 澳元直邮交易。

使用 SpeedPAK 物流管理方案及其他符合政策要求物流服务的合规比例，具体政策要求及计算规则请参见表 2.11。

(2) 买家选择 SpeedPAK 物流选项时卖家正确使用 SpeedPAK 物流管理方案的情况。

该检查项显示出账号设置并且买家选择了 SpeedPAK 加快型、标准型、经济型物流选项后实际使用物流服务与物流选项匹配情况。

- 当买家选择 SpeedPAK 加快型物流选项时，卖家可使用加快型 SpeedPAK 物流管理方案。
- 当买家选择 SpeedPAK 标准型物流选项时，卖家可使用加快型、标准型 SpeedPAK 物流管理方案。
- 当买家选择 SpeedPAK 经济型物流选项时，卖家可使用加快型、标准型、经济型 SpeedPAK 物流管理方案。

实际使用物流服务与买家选择的物流选项不匹配时，有可能造成派送延迟等问题，影响买家购物体验。

综合上述(1)、(2)两部分考查指标，该模块有正常、超标、警告、限制四种结果，具体如下：

- 正常：账号在各个路向的考核项中均达标或者所考核交易量为 0 笔且各 SpeedPAK 物流选项设置下，合规使用比例≥合规最低要求或被评估交易数为 0 笔。
- 超标：账号在至少一个路向的考核项中未达标或一个或多 SpeedPAK 物流选项设置下，合规使用比例<合规最低要求。
- 警告：账号首次未达标。
- 限制：账号多次未达标并因此受限。

5) 海外仓标准

该项政策仅针对标称为当地发货的交易，包括"确定非当地发货交易占比"的要求，该值必须为 0。

6) 待处理问题刊登

为了确保 eBay 交易平台的安全性，在任何网站，所有未符合 eBay 政策或可能导致不良买家体验的物品都将被即时自动删除。在此物品的删除政策前提下，eBay 特别为卖家提供"待处理问题刊登"报告，提早显示卖家需要在这一星期内处理的问题刊登及数量，帮助卖家更快捷地删除问题刊登，以维持卖家账户表现，如图 2.48 所示。请按照页面指引，在显示的到期时间前，下线规定数量的问题刊登。

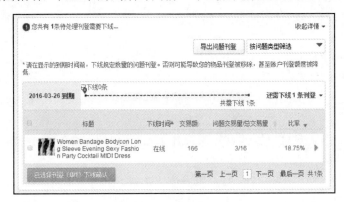

图 2.48　待处理问题刊登

5. 全球不良交易趋势

全球不良交易趋势显示前 12 个自然月中每个月的交易量及该月不良交易率的对照关系(该月不良交易率=该自然月发生的不良交易笔数/该自然月总交易量)。鼠标指针悬停于某月可以查看具体数据。

注意，近 3 个月由于跨国交易货运时间较长，买家还未收货及评价，所以显示的不良交易率可能较低，但不代表最终的实际情况，请保持警惕。该功能提供按买家所在国细分，可切换地区标签查看各地区买家的不良交易率趋势分析，如图 2.49 所示。

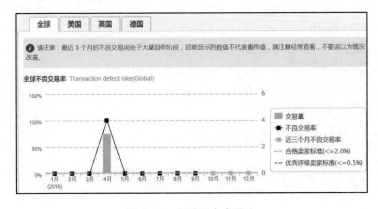

图 2.49　全球不良交易率

本章总结

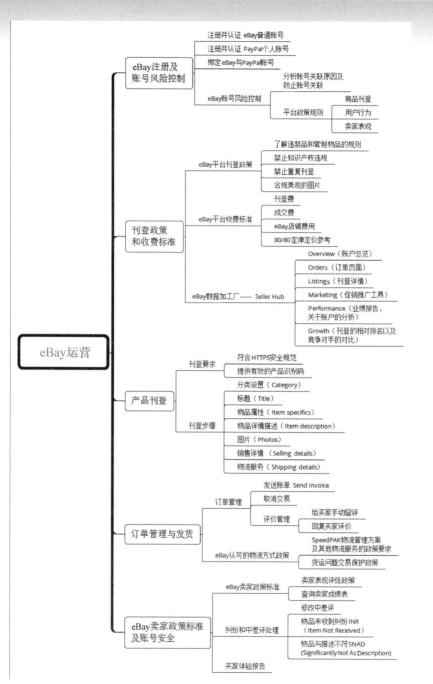

本章作业

一、判断题(正确的填"T"，错误的填"F")

1. eBay 注册信息可以随意更改。 （ ）
2. 注册信息为中国，物品所在地为美国，物品被一个美国买家拍下，运费价格可以设置为中国到美国的运费。 （ ）
3. eBay 的收费主要分为两个部分：刊登费(Insertion Fee)和成交费 (Final Value Fee)。 （ ）
4. 重复刊登会浪费刊登费用和额度。 （ ）
5. 刊登产品时，产品所在地根据账户注册地址填写。 （ ）

二、选择题(可多选)

1. 中国卖家想要注册 eBay 账号，需要登录哪个站点？（   ）
    A. 美国站：http://www.ebay.com/
    B. 英国站：http://www.ebay.co.uk/
    C. 中国香港站：http://www.ebay.com.hk/
    D. 澳大利亚站：http://www.ebay.com.au/

2. 若今天为 2018 年 12 月 20 日，卖家在过去 3 个月内的交易数目达到 400 笔或以上，那么卖家成绩表考核的是卖家在哪段时期的交易？（   ）
    A. 9.1—11.30   B. 9.20—12.20
    C. 9.1—12.20   D. 9.21—12.20

3. 卖家的不良交易率包括(   )。
    A. Transaction you cancelled 卖家取消交易
    B. Cases closed without seller resolution 未解决纠纷个案
    C. Negative Feedback 差评
    D. Returns 退货

4. 违反 eBay 政策可能导致各种不同的处分，包括(   )。
    A. 取消刊登   B. "冻结账户／Account Suspension"
    C. 限制账户权利   D. 没收 eBay 收费

5. 如果收到买家开启的"物品未收到"纠纷，美国站点需在多久回复？（   ）
    A. 1 个工作日   B. 3 个工作日
    C. 8 个自然日   D. 10 个自然日

三、简答题

1. 在 eBay 平台政策规则中，违反用户行为规则的表现有哪些？
2. 请写出账户关联的种类以及如何避免账户关联。
3. 你认为影响 Listing 曝光率的因素有哪些？如何通过这些因素来提高销售额？除此之外，还有哪些其他方法可以提高销售额？
4. 卖家账号表现中的三个指标是什么？哪些因素会影响账号评级？什么情况下卖家评级账号"低于标准"以及后果是什么？怎样应对？
5. 简述买家体验周报中，货运表现分析包含的相关政策。

第 3 章
亚马逊平台

本章任务

对亚马逊跨境平台进行深入的学习，学会亚马逊平台政策、相关业务知识，并且熟练掌握亚马逊后台基础操作方法、运营技巧。

本章技能目标

- 掌握亚马逊账号注册方法，学会维护账号安全。
- 掌握学习后台产品刊登基础操作。
- 掌握亚马逊物流配送方式方法。
- 掌握亚马逊平台的推广方式：促销、秒杀、优惠券以及站内广告。
- 掌握亚马逊绩效政策。

本章简介

本章着重讲解亚马逊平台基础内容。在第 1 章中，对亚马逊平台进行了简单的介绍，本章将分为五个模块深入学习亚马逊账号操作方法，包括后台的产品刊登方法、订单发货流程、货件入库计划创建方法、站内推广、后台绩效维护等基础操作。亚马逊平台为中国卖家提供了全球多个站点，各站点的政策以及操作方法基本一致，本章着重以美国站为例进行讲解。

预习作业

提前预习,带着以下任务学习本章相关资料。
- 标注出本章看不懂或存在疑惑的部分。
- 整理、记录学习中的问题。

1. 背诵英文单词

请在预习时找出下列单词在教材中的用法,了解它们的含义和发音,并填写于横线处。

(1) UPC_____

(2) SKU_____

(3) ASIN_____

(4) Inventory_____

(5) Professional and Individual _____

(6) Categories Requiring Approval_____

(7) FBA _____

(8) MFN_____

(9) variations_____

(10) Bullet point _____

(11) shipment_____

(12) promotion _____

(13) advertising_____

(14) Account health_____

(15) feedback _____

2. 预习并回答以下问题

请阅读本章内容,完成以下任务。

(1) 亚马逊账号类型有哪些?

(2) 后台刊登方法有几种?分别是什么?

(3) 亚马逊平台提供的物流方式有哪几种形式?每种形式的意义以及流程是什么?

(4) 站内推广方式包括哪些内容?

(5) 卖家需要从哪几个方面维护后台绩效问题?

3.1 亚马逊注册以及账号安全

3.1.1 注册

1. 销售平台与账号类型

亚马逊为中国卖家提供了以下销售平台。

(1) 北美市场：美国、加拿大、墨西哥。
(2) 欧洲市场：英国、法国、德国、意大利、西班牙。
(3) 日本市场：日本。
(4) 澳洲市场：澳大利亚。
(5) 印度市场：印度。

中国卖家在亚马逊上的销售账号共有三种类型。

(1) 个人账号：是以中国个人身份注册的亚马逊卖家账号(只有美国、加拿大、墨西哥三个站点可以申请)。

(2) 公司全球开店账号：是亚马逊根据发展需要针对中国卖家群体推出的一项卖家招募计划，卖家可以用中国大陆公司、中国香港公司和新加坡公司进行申请注册。在申请阶段，有亚马逊中国招商团队的专门客服对接指导，协助完成账号申请和前期的基本操作指导。

(3) 美国(本地)公司账号：是以美国公司为主体注册的账号，需要有美国公司、Visa 或 Master card 信用卡等。

个人账号和全球开店账号区别如下。

(1) 个人注册账号安全性低，封店率大于 56%，没有客户经理，无官方培训支持，普通卖家账户。

(2) 全球开店账号安全性高，封店率小于 9%，有客户经理，官方培训支持，特色卖家账户。

(3) 全球开店账号的账户经理可协助报名亚马逊平台 Best Deal 等促销活动，以此提高销售量。

2. 注册前的资料准备

(1) 公司卖家需提供营业执照和法人代表身份证，个人卖家需提供身份证。
(2) 个人或者公司的名称、地址、联系方式。
(3) 可以支付美元的双币信用卡(Visa 等)。
(4) 未注册或登录使用过亚马逊账号的电脑以及网络。

(5) 邮箱(注意：电脑、网络，还有邮箱都是建议专号专线专用，邮箱不要与 eBay 等其他渠道混用)。

3. 注册流程

亚马逊为中国卖家提供专门的全球开店指导网站：https://gs.amazon.cn/ (见图3.1)。

图3.1 指导网站

单击对应站点，进入新页面，即可按照提示完成整个注册流程。同时，亚马逊招商团队也为中国卖家提供了有效的注册方式。卖家不仅可以自行注册，也可以联系亚马逊全球开店招商经理，通过招商经理提供的邀请注册链接进行注册。此方式有一定的优势，即卖家可在招商经理的协助下完成注册，并且在前期开店资料准备、审核方面获得帮助。

以下详细流程来源于亚马逊官方文档。

(1) 填写姓名、邮箱地址、密码，创建新用户(见图3.2)，需用拼音或英文填写。

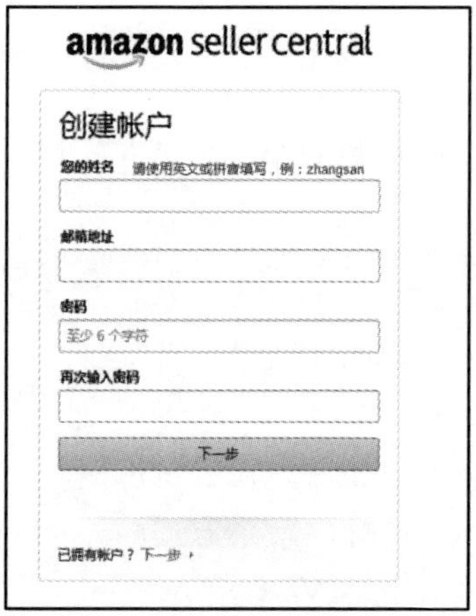

图3.2 账号注册

(2) 填写法定名称,并勾选卖家协议"我已阅读并接受以下文件中的条款和条件"(见图 3.3)。

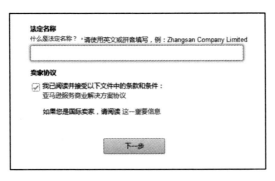

图 3.3　卖家协议

(3) 填写地址、卖家名称、联系方式,进行电话/短信认证(见图 3.4)。

电话验证：卖家会接到系统打来的电话,请接起电话,把电脑中显示的 4 位数字输入手机进行验证,若验证码一致,即认证成功。当系统验证出错时,请尝试用其他语言进行验证或者短信验证,3 次不成功则需等候 1 小时后才可重新验证。

短信验证：请输入收到的短信验证码。请注意：验证完成后,卖家将无法退回至本步骤修改信息,请在验证前仔细检查本页内容。

图 3.4　电话认证

(4) 填写信用卡卡号、有效期、持卡人姓名、账单地址，设置收款方式(见图 3.5)。

- 确认默认地址信息是否与信用卡账单地址相同。如不同，请使用英文或者拼音填写地址。
- 信用卡持卡人与账户注册人无须为同一人；公司账户亦可使用个人信用卡。
- 若填写信息正确，系统会尝试对该信用卡进行预授权以验证该信用卡尚有信用额度，持卡人可能会收到发卡行的预授权提醒。
- 此信用卡是用于在账户结算时，卖家账户结余不足以抵扣相关款项，系统会从卖家的信用卡中扣除每月月费或其他销售费用，如 FBA 费用。
- 如果卖家选择的是专业销售计划，创建账户时，将被收取第一笔月度订阅费($39.99)。亚马逊将执行付款验证。

图 3.5　设置收款方式

(5) 纳税审核并提供电子签名。

美国纳税审核是一个自助的审核过程，它将指导卖家输入身份信息以确认账户是否需要缴纳美国相关税费。大部分身份信息会从卖家之前填写的信息中提取出来预先填入，为了尽可能高效地满足美国税务部门的要求，请在审核过程中确保回答所有问题并输入所需的所有信息。中国卖家也必须完成此审核流程才可完成注册流程(见图3.6)。

图3.6　税务审核身份验证

确认公司或个人非美国身份(见图3.7)。选择获得收入的类型是个人还是企业，并确认是否为美国人，一般中国卖家都选"否"。

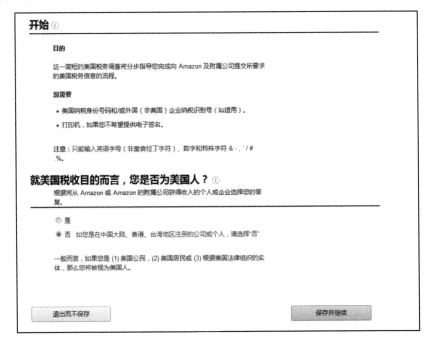

图3.7　身份确认

选择受益人性质——公司或个人，并填写名称、地址信息。注意所在国家请选择"中国"(见图3.8)。

图3.8 受益人信息

如果账户是公司,请确认公司的邮寄地址(见图3.9)。

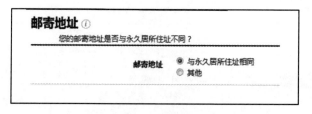

图3.9 邮寄地址

如果账户是个人,在确认邮寄地址后,请确认不符合其中的任何一项(见图3.10)。

确认账户受益人的信息是否准确(如图3.11所示),如需修改,请返回上一页并更新账户信息。如信息经检查后无误,请单击图3.7中显示的"保存并继续"。

同意提供电子签名(见图3.12和图3.13)。

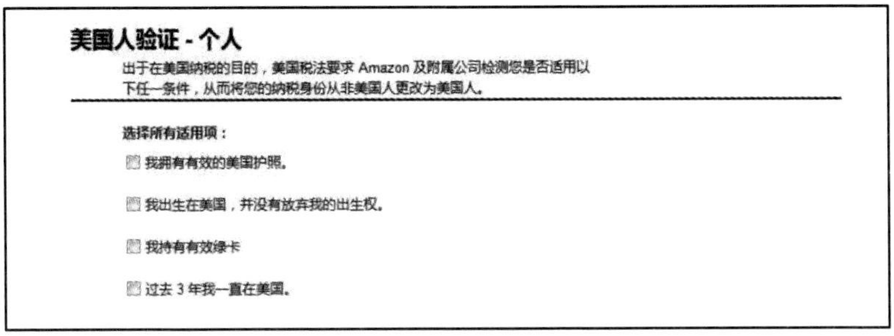

美国人验证 - 个人

出于在美国纳税的目的，美国税法要求 Amazon 及附属公司检测您是否适用以下任一条件，从而将您的纳税身份从非美国人更改为美国人。

选择所有适用项：

- [ ] 我拥有有效的美国护照。
- [ ] 我出生在美国，并没有放弃我的出生权。
- [ ] 我持有有效绿卡
- [ ] 过去 3 年我一直在美国。

图 3.10　个人信息

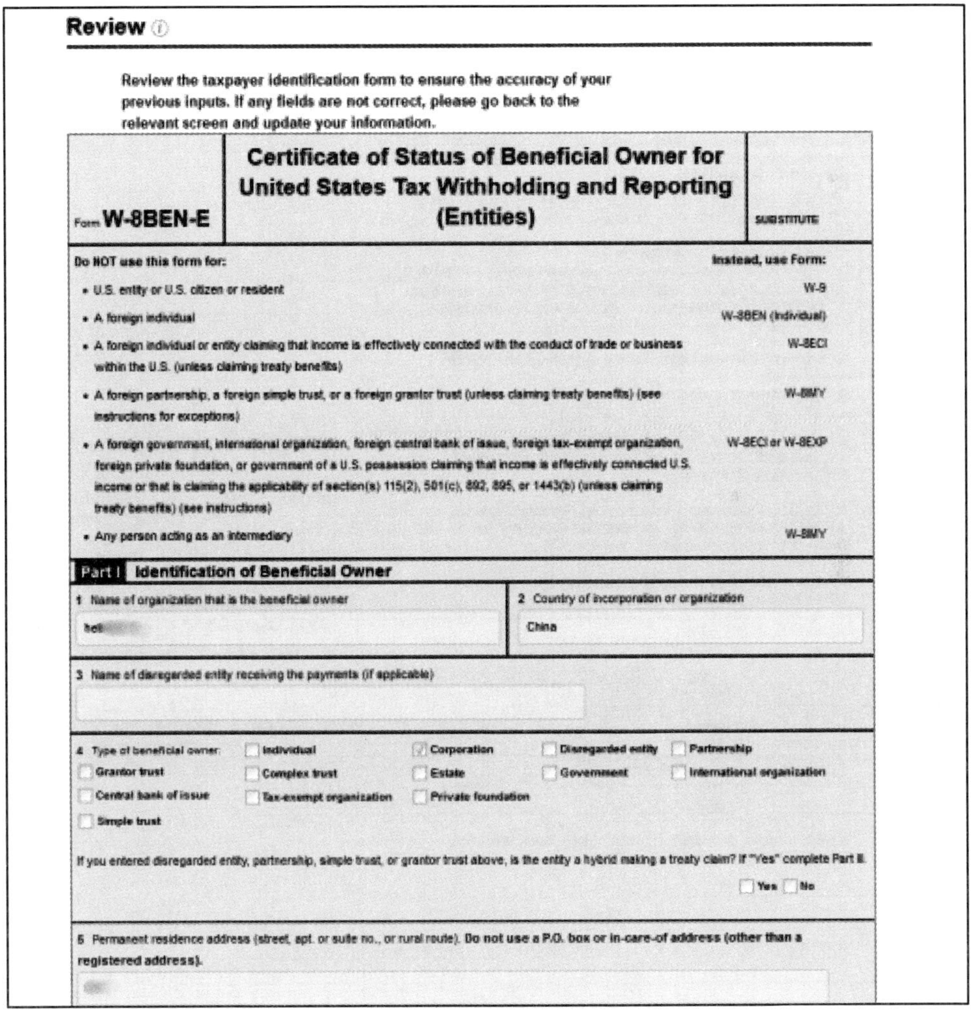

Review

Review the taxpayer identification form to ensure the accuracy of your previous inputs. If any fields are not correct, please go back to the relevant screen and update your information.

Form **W-8BEN-E**

Certificate of Status of Beneficial Owner for United States Tax Withholding and Reporting (Entities)

SUBSTITUTE

Do NOT use this form for:	Instead, use Form:
• U.S. entity or U.S. citizen or resident	W-9
• A foreign individual	W-8BEN (Individual)
• A foreign individual or entity claiming that income is effectively connected with the conduct of trade or business within the U.S. (unless claiming treaty benefits)	W-8ECI
• A foreign partnership, a foreign simple trust, or a foreign grantor trust (unless claiming treaty benefits) (see instructions for exceptions)	W-8IMY
• A foreign government, international organization, foreign central bank of issue, foreign tax-exempt organization, foreign private foundation, or government of a U.S. possession claiming that income is effectively connected U.S. income or that is claiming the applicability of section(s) 115(2), 501(c), 892, 895, or 1443(b) (unless claiming treaty benefits) (see instructions)	W-8ECI or W-8EXP
• Any person acting as an intermediary	W-8IMY

Part I　Identification of Beneficial Owner

1 Name of organization that is the beneficial owner: hel

2 Country of incorporation or organization: China

3 Name of disregarded entity receiving the payments (if applicable)

4 Type of beneficial owner:
- [ ] Individual
- [x] Corporation
- [ ] Disregarded entity
- [ ] Partnership
- [ ] Grantor trust
- [ ] Complex trust
- [ ] Estate
- [ ] Government
- [ ] International organization
- [ ] Central bank of issue
- [ ] Tax-exempt organization
- [ ] Private foundation
- [ ] Simple trust

If you entered disregarded entity, partnership, simple trust, or grantor trust above, is the entity a hybrid making a treaty claim? If "Yes" complete Part III.
- [ ] Yes
- [ ] No

5 Permanent residence address (street, apt. or suite no., or rural route). Do not use a P.O. box or in-care-of address (other than a registered address).

图 3.11　受益人信息确认

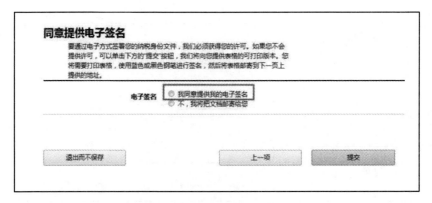

图 3.12　同意提供电子签名

图 3.13　电子签名

此处直接单击"退出调查"按钮，结束审核(见图 3.14)。

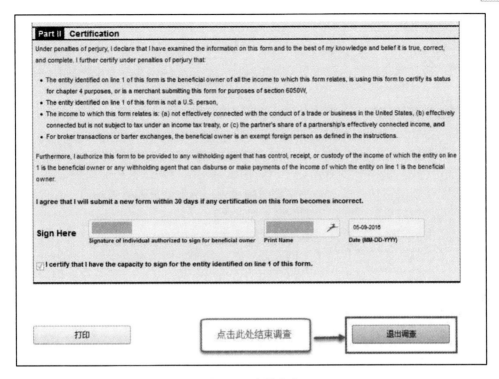

图 3.14 审核完成

(6) 回复亚马逊问题(见图 3.15)。亚马逊会列举一些问题请卖家回答,借此了解卖家的产品性质和开始销售时计划的数量。基于这些信息,亚马逊会推荐适合卖家账户的相关工具和信息。(此步骤可跳过,待账户注册成功后在卖家后台继续完善)

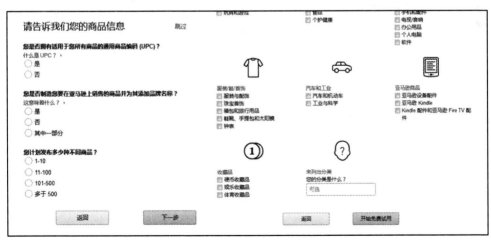

图 3.15 亚马逊问题

(7) 卖家资质审核。

卖家资质审核(亦称"卖家身份验证")是卖家在亚马逊开店时必须进行的一个步骤。目前，亚马逊北美站点将卖家"身份验证"从账户注册完成后，提前到账户注册流程中。

注意：卖家身份验证环节完成后，才算注册完成。

个人"Non-Company Seller"账号所需资料如下。

① 身份证。

必须由中国大陆、中国香港、中国台湾出具；请提供正反两面的彩色照片/扫描件，不接受黑白复印件；图片必须完整清晰可读；身份证应在有效期内；身份证件上的姓名应与注册的亚马逊账户上的姓名完全匹配。

② 信用卡对账单、银行对账单或费用账单。

账单上的姓名必须和身份证上的姓名一致；信用卡对账单或银行对账单必须为银行出具，账单必须是在过去 90 天内发出的；费用账单必须是公共事业单位出具的水费、电费或燃气账单，账单必须是在过去 90 天内发出的；图片必须清晰可读，可以隐藏货币金额，但文档必须保持完整并且其他信息清晰可见；不接受屏幕截图；如果有多个副本，请将它们合并到一个文件中进行上传。

企业 Company Seller 账号所需资料如下。

① 身份证。

身份证上的姓名必须与营业执照上法定代表人的姓名一致；必须由中国大陆、中国香港、中国台湾出具；请提供正反两面的彩色照片/扫描件，不接受黑白复印件；图片必须完整清晰可读；身份证应在有效期内。

② 营业执照。

必须由中国大陆、中国香港、中国台湾出具。中国大陆：营业执照。中国香港：公司注册证明书和商业登记条例。中国台湾：有限公司设立登记表/股份有限公司设立登记表/有限公司变更登记表/股份有限公司变更登记表。请提供彩色照片/扫描件，不接受黑白复印件，图片必须完整清晰可读；中国大陆营业执照距离过期日期应超过 60 天，中国香港商业登记条例距离过期日期应超过 45 天。

③ 其他注意事项。

中国香港卖家请在公司所在国家/地区选择"中国香港"(此信息提交后便无法更改，选择错误可能导致验证失败)；公司卖家(拥有营业执照的卖家)务必选择"我是公司卖家"(此信息提交后便无法更改，选择错误可能导致验证失败)；卖家输入的信息(例如法人姓名、身份证号)务必与提交的文件中的信息相符；多页文件(例如身份证正反两面)请合并到一个文件中进行上传；扫描件或照片必须保持所有信息清晰可读；不接受截屏；不接受黑白复印件。

④ 请按以下步骤完成验证。

第一步：选择公司所在国家及卖家类型(见图 3.16)。

*请注意，此页信息提交后无法更改，请务必慎选。

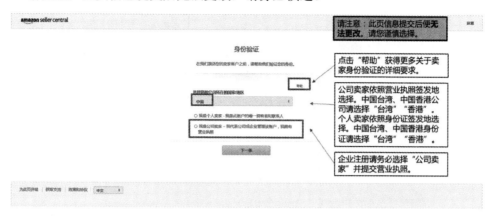

图 3.16　卖家类型

第二步：填写法定代表人及公司信息(见图 3.17)。

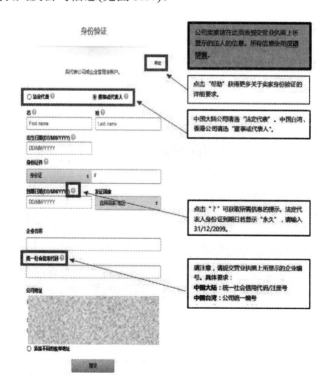

图 3.17　卖家资质审核

第三步：上传和提交文档(见图 3.18、图 3.19)。

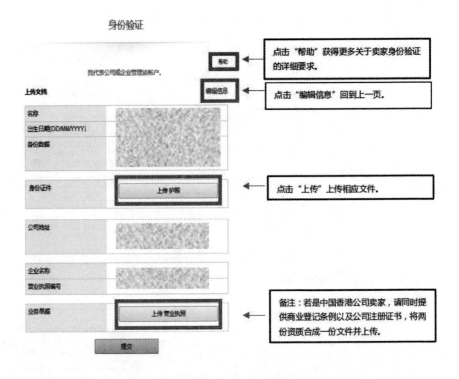

图 3.18 上传文档

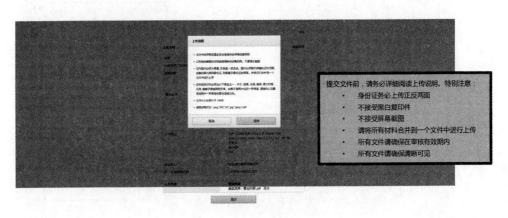

图 3.19 提交文档

提交完成页面(见图 3.20)。

卖家资质审核通过后,注册流程结束。卖家登录账号信息,进入亚马逊卖家后台,如图 3.21 所示。

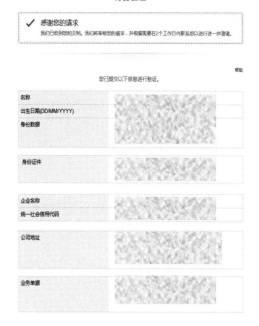

图 3.20　卖家资质审核

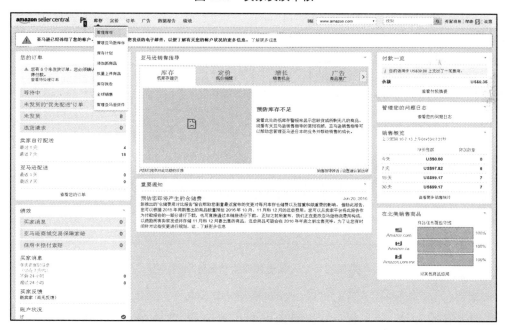

图 3.21　卖家后台

3.1.2 销售计划以及特点

亚马逊的销售计划有两种形式，分别为专业销售计划(professional)和个人销售计划(individual)，即常说的专业卖家和个人卖家。需要强调的是，无论是哪种注册形式，都不影响销售计划的选择。

专业卖家与个人卖家最大的区别在于，前者按照月份收取每月的平台使用费，即月租，39.99 美元/月；而后者则是以售卖产品个数计算平台使用费用，0.99 美元/件。具体区别参考图3.22。

销售计划
下表总结了个人和专业销售计划之间的差别。

卖家账户功能	专业	个人
月服务费39.99 美元	是	否
售出一件商品按件支付 0.99 美元	否	是
在亚马逊目录中创建新商品页面	是	是
使用上传数据、电子表格和报告管理库存	是	否
使用订单报告和订单相关上传数据管理订单	是	否
使用亚马逊商城网络服务上传数据、接收报告和执行其他 API 功能	是	否
亚马逊为所有商品设置运费	否	是
卖家为非媒介类商品设置运费	是	否
将商品设置为不可售 - 如果您希望暂停销售一段时间（例如，由于家庭紧急事件、恶劣天气、节假日或休假等原因无法配送订单）。	是	是
促销、礼品服务及其他特殊的商品功能	是	否
有资格在"购买按钮"中发布商品	是	否
能够对您的订单计算美国销售税和使用税	是	否
Note: 如果注册了税务计算服务，在将账户切换为个人销售计划之前，请参阅升级/降级以及税务计算服务。		
获得用户权限/向其他用户授予访问权限	是	否

图 3.22 个人销售和专业销售计划的区别

销售计划类型确认之后，可以自行调整和转换，操作流程如下。

打开卖家后台，将鼠标指针移到 Setting(设置)；单击 Account Info(账号信息)；在 Your Services(您的服务)中单击 Manage(管理)进行账号类型的转换，如图 3.23 所示。

图 3.23 类型转换

3.1.3 账号安全

虽然亚马逊为中国卖家开放了大门,但是它并没有想象得那么"简单"。为了打造极致的客户购物体验,以及保证卖家的利益,亚马逊也设定了不可打破的规则。如果触碰这些底线,将会面临被关店的风险。那么哪些因素会影响到账号的安全呢?

1. 账号关联

亚马逊规定,一个卖家只能拥有一个店铺。而"关联"是指亚马逊通过技术手段,获取卖家相关信息,通过匹配关联因素,判断多个店铺账号是否属于同一卖家。

关联本身没有太大问题,但是多个亚马逊账户如果发生关联,其中一个出了问题,就会影响到其他与之相关联的账号,避开关联可以降低风险。

如果是同站点关联,亚马逊发现产品有交叉销售同样的产品的话,亚马逊会要求卖家强制删除其中一个账户所有的 Listing,如果不删除,亚马逊有可能把两个账户全部关闭。

影响关联的因素如下。

(1) 电脑端:网卡 MAC 地址、浏览器 Cookies、Flash 对象、硬盘信息(通过插件获取)——千万不要在同一台电脑上同时操作多个账号(主机)。

(2) 网络端:路由器 MAC 地址、外网 IP 地址——千万不要在同一个外网 IP 环境下同时操作多个账号。

(3) 账户信息:信用卡、收款方式的信息、电话号码、邮箱、注册地址——如果注册多个账户,任何具有唯一性的私人信息千万不要相同。

(4) 产品信息:同一个产品在不同账号上售卖,产品详情页面的相似度不能太高,不同店铺的 SKU 也不要相同。

(5) 账号密码:密码也是关联的因素之一,不用因为简洁而设置相同的密码。

2. 侵权

欧美国家对知识产权的保护非常重视，在做国外市场时，在保护自己的知识产权的同时，也必须做到不侵犯他人的知识产权。在亚马逊这个平台，对于侵权，轻则下架产品，重则封锁账号、关闭店铺。

侵权的形式有很多，如跟卖造成的产品图片侵权、外观侵权、商标品牌侵权等。如何避免这些侵权风险呢？

(1) 大品牌商品尽可能避免，或者提前获得授权。

(2) 不要自作聪明使用他人品牌的变形词或者衍生词，或者模仿品牌图案。

(3) 跟卖之前多做准备，如查看跟卖产品的商标信息，确保安全后再进行跟卖。

(4) 对于图片，不要投机取巧，使用已经处理过的卖家图片。

3. 卖假货

假货，无论什么平台，都是销售大忌。而对于亚马逊来说，更是零容忍。一旦发现有卖家出售假货，便会立即调查，一旦证实，会立即关闭店铺。这与亚马逊"重客户、轻卖家"以及"重产品、轻店铺"的商业理念不谋而合。

4. 产品问题

如果在亚马逊平台上售卖的产品本身存在功能缺失等质量问题，或者过期产品充当新品售卖，都会引起差评或者索赔纠纷，进而影响到店铺绩效，以至于威胁账号安全。

有一些产品是需要由验证机构出具相关证书才可以售卖的，如产品授权认证、安全认证等。为了避免风险，建议卖家在选品时或者上架售卖之前就解决好相关认证问题。

5. 店铺绩效问题

店铺绩效问题会在 3.5 节集中讲解。

3.2 产品刊登

3.2.1 分类审核

为了提供更高质量的购物体验，让客户购买到放心的产品，亚马逊在扩大产品数量和产品种类的同时，对卖家所上传的产品进行严格的审核。

如图 3.24 所示是几个主要的产品类目(以美国站为例)。

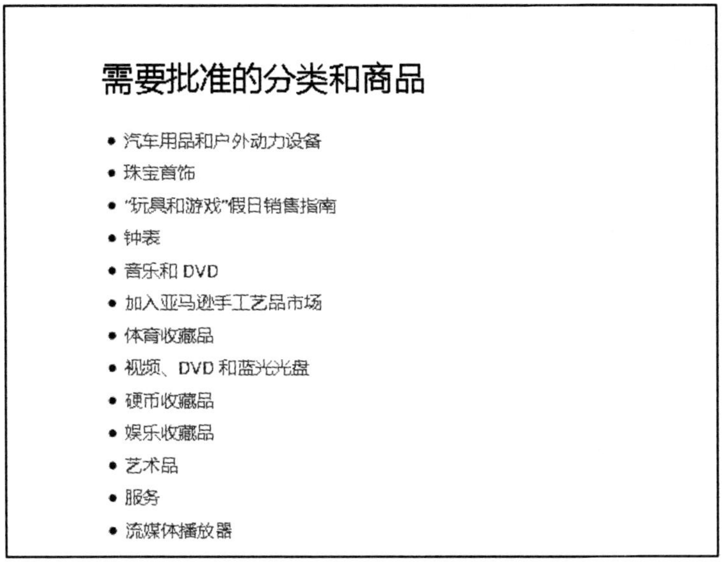

图 3.24 需要审核的分类

1. 需要审核的分类，需要准备以下材料

(1) 经过授权的正规 UPC 码。

(2) 五张图片。建议是 JPEG 格式的；图片产品以外的背景为纯白(255：255：255)；产品占图 85%以上；图片不带边框、水印；不能是电子合成的图纸；不能有与产品无关的其他配件。

(3) 收据、发票(专业增值税发票或者普通增值税发票)、装箱单。必须是 90 天内的有效单据；含有供应商的地址及联系方式；含有进货商的地址及联系方式。

(4) 相关证书。电子类的 CE 证书；化妆品、护肤品类的 FDA 证书；珠宝类的镍含量证明。

2. 分类申请方法

需要进行审核的分类，后台申请方法如下。

后台主页 Help(帮助)→搜索 approval→单击 Categories and products requiring approval(见图 3.25)→选择类目(见图 3.26)。

单击申请按钮(见图 3.27)，提交分类审核后亚马逊会向卖家的注册邮箱中发送一封告知已经收到

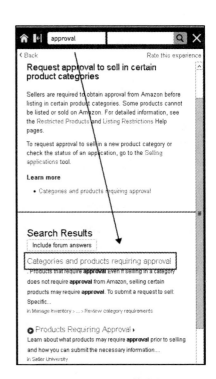

图 3.25 Help 搜索栏

申请的邮件，并会在 24 小时内回复。同时，卖家的后台也会自动生成分类审核的 case(问题日志中查看)，以便跟进审核进展。

```
Categories and products requiring approval

• Requirements for selling Automotive & Powersports products
• Jewelry
• Holiday Selling Guidelines in Toys & Games
• Watches
• Music & DVD
• Join Amazon Handmade
• Sports Collectibles
• Video, DVD, & Blu-ray
• Collectible Coins
• Entertainment Collectibles
• Fine Art
• Services
• Streaming Media Players
```

图 3.26　选择对应类目

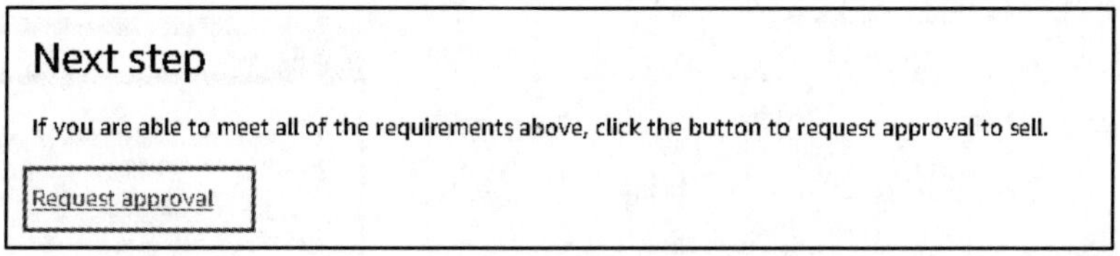

```
Next step
If you are able to meet all of the requirements above, click the button to request approval to sell.
Request approval
```

图 3.27　申请按钮

3.2.2　销售佣金

不同的产品分类，在平台上售卖所需要缴纳的销售佣金也不同。举个例子，一件办公用品的实际售价为 20 美元，其销售佣金百分比为 15%，最低销售佣金为 1 美元，所以需缴纳的销售佣金为 20×15%=3 美元，因为 3 美元高于 1 美元，所以此件产品的销售佣金为 3 美元。若该产品实际售价为 5 美元，按佣金百分比计算所需缴纳的佣金为 0.75 美元，小于最低销售佣金 1 美元，此时亚马逊将按 1 美元收取该办公用品的销售佣金，如图 3.28～图 3.30 所示。

Categories	Amazon deducts the greater of the applicable referral fee percentage or applicable per-item minimum referral fee. See "Referral fees" notes above.	
	Referral fee percentages	Applicable minimum referral fee (applied on a per-item basis unless otherwise noted)
Amazon Device Accessories	45%	$1.00
Baby Products (excluding Baby Apparel)	15%	$1.00
Books[4]	15%	--
Camera and Photo[1]	8%	$1.00
Cell Phone Devices*	8%	$1.00
Consumer Electronics	8%	$1.00
DVD[4]	15%	--
Electronics Accessories	• 15% for the portion of the total sales price up to $100; and • 8% for any portion of the total sales price greater than $100	$1.00
Furniture & Decor	15%	$1.00
Home & Garden (including Pet Supplies)	15%	$1.00
Kitchen	15%	$1.00

图 3.28 销售佣金(一)

Major Appliances	• 15% for the portion of the total sales price up to $300; and • 8% for any portion of the total sales price greater than $300	$1.00
Music[4]	15%	--
Musical Instruments	15%	$1.00
Office Products	15%	$1.00
Outdoors	15%	$1.00
Personal Computers	6%	$1.00
Software & Computer/Video Games[4]	15%	--
Sports (excluding Sports Collectibles)	15%	$1.00
Tools & Home Improvement	15%, except 12% for base equipment power tools	$1.00
Toys & Games[2]	15%	$1.00
Unlocked Cell Phones	8%	$1.00
Video & DVD[4]	15%	--
Video Game Consoles[4]	8%	--
Everything Else[3]	15%	--
Categories Requiring Approval	Referral fee percentages	Applicable minimum referral fee
3D Printed Products	12%	--
Automotive & Powersports	12%, except 10% for tires and wheels products	$1.00

图 3.29 销售佣金(二)

Beauty	15%	$1.00
Clothing & Accessories	17%	$1.00
Collectible Books	15%	--
Collectible Coins	See Category Requirements for referral fees.	
Entertainment Collectibles	See Category Requirements for referral fees.	
Fine Art	See Category Requirements for referral fees.	
Gift Cards	20%	--
Grocery & Gourmet Food**	15%	--
Health & Personal Care (including Personal Care Appliances)	15%	$1.00
Industrial & Scientific (including Food Service and Janitorial & Sanitation)	12%	$1.00
Jewelry***	20%	$2.00
Luggage & Travel Accessories	15%	$1.00
Shoes, Handbags & Sunglasses	<ul><li>15% for products with a total sales price of up to $75</li><li>18% for products with a total sales price above $75</li></ul>	$1.00
Sports Collectibles	See Category Requirements for referral fees.	
Watches	<ul><li>16% for the portion of the total sales price up to $1,500; and</li><li>3% for any portion of the total sales price greater than $1,500</li></ul>	$2.00

图 3.30　销售佣金(三)

3.2.3　刊登操作

刊登，即上传产品，也就是常说的上架操作。

1. 在学习刊登操作前，要掌握以下亚马逊后台重点词汇

1) SKU

SKU 是指一款商品，针对商品的唯一属性。当一个产品有不同的颜色、尺寸等多个属性，就有多个 SKU。比如一件衣服，有黑、白、红 3 种颜色，每种颜色都有 S、M、L、XL 不同的码数，那么这款衣服就有 12 个 SKU。

注意：在亚马逊平台中，每个店铺中的 SKU 不允许重复，这是亚马逊卖家管理产品的唯一标识。SKU 可由卖家自己填写，也可由亚马逊自动生成。

2) FNSKU

FNSKU 不同于 SKU，是 FBA 的产品标签编码，只有做 FBA 的产品才会有，一个 FBA 的产品 SKU 对应一个 FNSKU。

3) ASIN

ASIN(Amazon Standard Identification Number)是亚马逊自己的商品编号，由亚马逊系统自动生成，不需要卖家自行添加。ASIN 相当于一个独特的产品 ID，在亚马逊平台上具有唯一性，同一个产品同一个 UPC 在不同站点对应的 ASIN 通常是一致的。在平台前端和卖家店铺后台都可以使用 ASIN 来查询到产品。

4) UPC

在亚马逊上传产品时，大多数分类均要求卖家使用所需的特定 GTIN(全球贸易项目代码，有 UPC、EAN、JAN 或 ISBN 等类型)，最常使用的是 UPC(Universal Product Code)。

UPC 是美国统一代码委员会制定的一种商用条码，主要用于美国和加拿大地区。UPC 是最早大规模应用的条码，由于其应用范围广泛，故又被称为万用条码，通行于国际贸易。

UPC 也有标准版和缩短版两种，标准版由 12 位数字构成，缩短版由 8 位数字构成。

标准版的 UPC12 的编码结构为：系统码(1 位)+厂商码(5 位)+商品码(5 位)+校检码(1 位)。

注意：一个站点只可以使用一次 UPC。

5) EAN

EAN(European Article Number)是在 UPC 的基础上确立的商品标识符号。EAN 是国际物品编码协会(GS1)制定的一种商用条码，全球通用，分配给中国物品编码中心的前缀区间为 690~696，再由中国物品编码中心统一分配企业代码，产品代码则由制造商根据规定自己编制。

标准 EAN13 编码结构为：国家码(2/3 位)+厂商码(5/4 位)+商品码(5 位)+校检码(1 位)。

6) Listing ID

在 eBay、Wish 等平台都有 Listing 的叫法，很多人直接理解为产品，其实就等同于产品链接,也就是产品页面。除了多属性变体产品外,通常一个 Listing 就是一个产品页面,由亚马逊自动生成一个对应的 Listing ID 和 ASIN。

7) GCID

如果亚马逊卖家在亚马逊平台进行品牌备案,亚马逊会自动为商品分配一个被称作"全球目录编码"(Global Catalog Identifier,GCID)的唯一商品编码。

在亚马逊平台上传产品,卖家就必须提供 UPC/EAN,但如果卖家品牌备案成功后分配到 GCID,则无须再购买 UPC 或 EAN。

掌握上述词汇,就可以进行产品刊登操作了。

2. 亚马逊提供两种刊登方式:单个上传和批量上传

1) 单个上传

第一步:进入卖家后台,鼠标指针移动到 INVENTORY(库存),如图 3.31 所示,单击 Add a Product(添加新产品)。

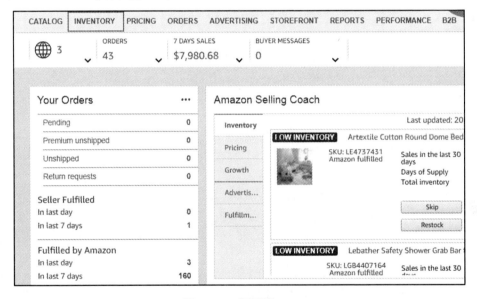

图 3.31 刊登操作(一)

第二步:在 Add a Product 页面单击 Create a new product listing,如图 3.32 所示(创建新商品信息)。

第三步:选择正确的分类,单击 Select (选择)按钮(见图 3.33)。如果无法确定产品分类,可以在 search Amazon's catalog first 中输入关键词,单击 Find it on Amazon 按钮搜索产品分类。

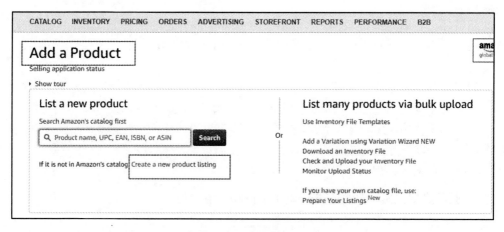

图 3.32 刊登操作(二)

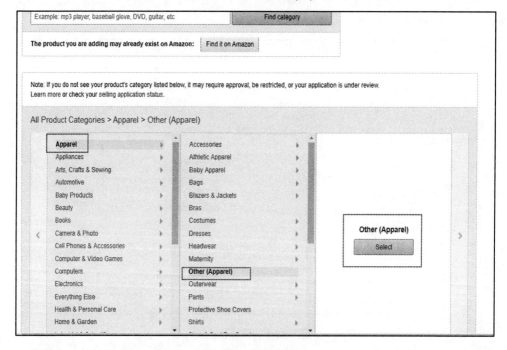

图 3.33 刊登操作(三)

第四步：填写产品基本信息，带"*"号的为必填项。

需要填写的信息(见图 3.34)分别为 Vital Info(重要信息)、Variations(变体信息)、Offer(提供)、Images(图片)、Description(描述)、Keywords(关键词)、More Details(更多参数)。

不同的产品分类，需要填写的栏目以及必填项也不尽相同。并不是所有分类都有 Variations(变体信息)栏目。

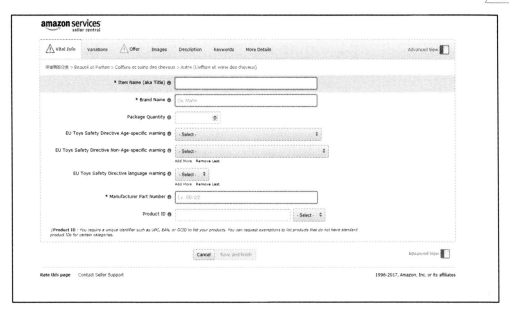

图 3.34 刊登操作(四)

Vital Info 栏目信息包含 Item Name(标题)、Brand Name(品牌)、Manufacturer Part Number(制造商)、Product ID(产品编码)。

Item Name：标题。

(1) 编写参考原则：品牌+核心关键词+辅助关键词+属性(产品尺寸、颜色、型号、成分等)。

(2) 注意事项

① 标题总的长度不超过 200 个字符(包含英文字母与空格)。

② 标题每个单词的首字母必须大写，除了 a、the、and 之类的介词；有阿拉伯数字绝不使用英文数字；如有多种用途，只要写一个就可以了，比如一个耳机适用于各型号手机，只要写一种型号就够了。

③ 切勿使用他人品牌，有侵权风险。

④ 标题中切勿使用不实信息，免招客户投诉和差评。

⑤ 不需要在标题中写降价、打折、免邮等促销信息。

Brand Name：品牌。

产品本身是品牌，在上传时填写，能在前台以品牌的分类存在，买家在前台搜索品牌名，就会展示该品牌下的所有产品。若店铺下的产品未做任何商标注册、品牌备案，也可填写店铺名作为产品品牌。

Manufacturer Part Number：制造商。

并不是所有分类都需要填写制造商，多以产品实际品牌进行填写。

Product ID：产品编码。

亚马逊规定每一个上传的产品，都必须对应有正规的 UPC(北美站)或者 EAN(欧洲站)。为了预防风险，建议卖家通过正规渠道购买。如果产品进行过品牌备案，则无须提供 UPC 或者 EAN，可以使用品牌备案过程中选择的关键值进行填写。

Variations 栏目必填信息如下。

变体产品，是指同款产品，个别属性不同(如尺码、颜色、口味等)，将不同属性的同款产品组成集合，即形成变体产品。当买家在前台页面选择不同颜色或者尺码时，产品的详情页面也会随之变化，显示该尺码或颜色下的产品价格、库存数量、UPC 等。

Variation Theme：变体主题为第一选项，其后完善产品变体名称 Map、SKU、Product ID、Price、Quantity，如图 3.35 所示。

图 3.35　多属性变体设置

Offer 栏目必填信息如图 3.36 所示。

Your price：产品出售价格。产品定价要综合产品成本价格、物流运输费用、平台使用费、销售佣金、广告费用等因素，慎重填写。价格过低，影响店铺利润；价格过高，不易获取购物车，影响流量与销量。

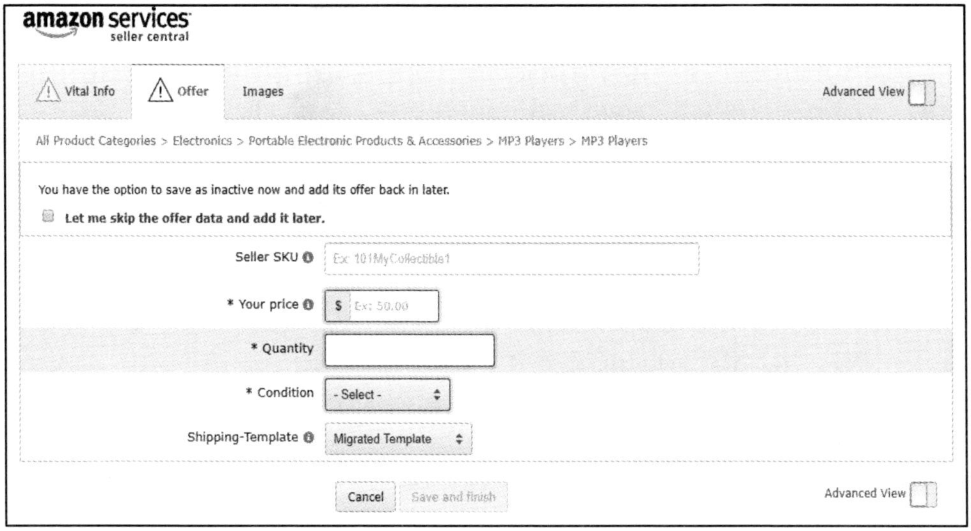

图 3.36 Offer 内容填写

Quantity：库存数量。建议如实填写，以免买家下单数量大于实际库存数量而带来的不便。

Condition：产品状态，新品选 New。

配送方式选择：根据产品实际情况选择卖家自配送或亚马逊配送。

Images 上传(见图 3.37)要求如下。

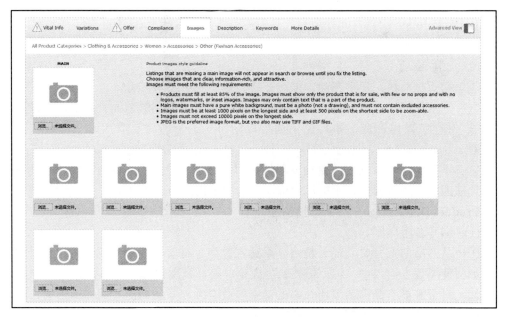

图 3.37 图片上传

- 像素要求长边最低为 1001，最高可以达 3000。500 像素以下不能上传。像素达到 1000 以上，图片有缩放功能，对链接转化有帮助。
- 图片格式以 JPEG、TIFF、GIF、JPEG 更优，上传速度较快。
- 产品必须占整张图片的 85%。
- 首图必须为白底，其他图片可以不用。
- 首图不能带 Logo 水印，产品自身带的 Logo 可以。
- 另外，至少拥有四到五张高画质的相片来增强顾客的体验，对于产品的构图、灯光等视觉美感要充分给予重视，细节要展示到位，确保放大后还能看清楚。加入影片可以让商品在竞争对手中更突出。

Description 栏目必填信息包含 Bullet Points(部分分类显示为 Key Product Features)和 Product Description，如图 3.38 所示。

图 3.38　Description 栏目必填信息

Bullet Points：卖点。此处填写产品的五个要点，每行 100～500 个字符。

(1) 编写参考原则：材质+尺寸+用途+功能+特点。

(2) 注意事项：

① 卖点少而精；卖点在前，描述在后。描述要点之间有逻辑。

② 注意排序，最重要的、对买家最有利的信息，放到最前面。简洁，尽量每个卖点在 2 行字以内完成。每句话前面可以用 1～2 个词简要概括这个卖点，带数据尤佳。

③ 不用废话和套话，关键词要巧妙使用，但也不能为了关键词重复使用词语，需要语法通顺，有可读性，不极尽修饰，不使用推销式的词语。

Product Description：产品详情描述。

(1) 编写参考原则。

① 从产品的尺寸、功能、特点、用途、优势、材质、外观、设计结构、附加功能、如何使用等方面入手，但不需要长篇大论，最好是用短句，一目了然。

② 对于某类产品，买家所关心的详细参数必须一条条列出。例如裤子的长度、电池的容量、杯子的容积等。切记要换成当地常用的计量单位。

(2) 注意事项：
描述中文本的换行和加粗需要用指定代码完成。例如：
换行形式：第一行内容\<br\>
　　　　　第二行内容\<br\>…
加粗形式：\<b\>需要加粗的内容\</b\>
Keywords(关键词)如图 3.39 所示。

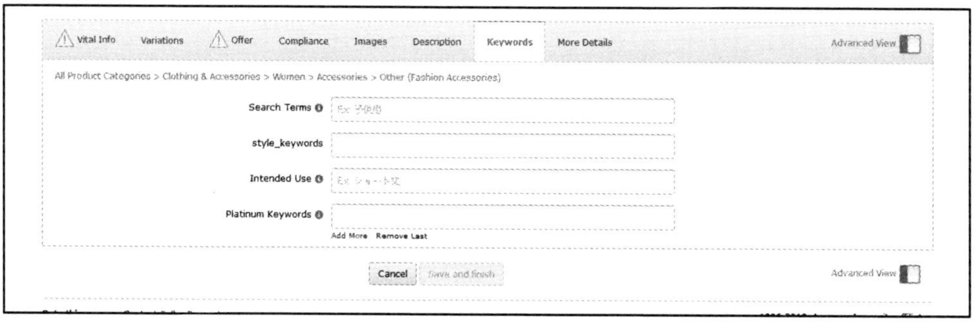

图 3.39　产品关键词

有些产品类别称为"Search Terms"。此栏填写产品关键词，但注意不要重复以及拼写错误，也不建议罗列过多，以核心关键词为主。

More Details(更多信息)如图 3.40 所示。

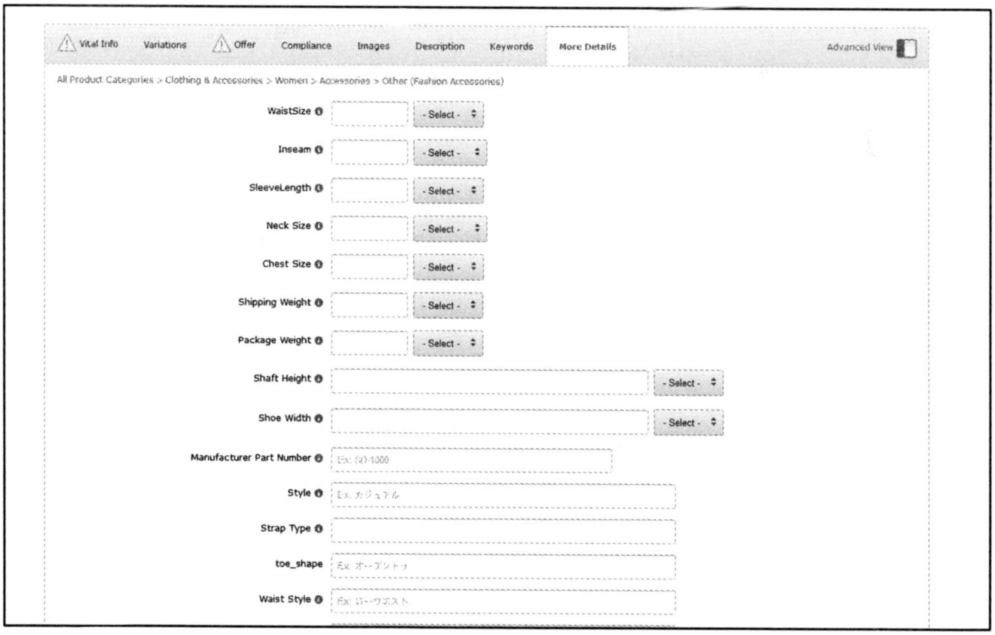

图 3.40　更多信息

非必填项，卖家可以选择性填写。进一步补充产品参数，比如 Weight、Size 等。

所有栏目填写完成后，单击 save and finish 按钮完成产品上传。上传后，前台页面需要 15 分钟的时间进行更新和展示。

2) 批量上传

批量上传是亚马逊后台提供的表格形式，填写多条产品信息，通过导入 Excel 表格的形式完成上传。

第一步：进入卖家后台，将鼠标指针移动到 Inventory(库存)，单击 Add Products via Upload(批量上传商品)，如图 3.41 所示。

图 3.41　批量操作

第二步：选择下载产品类目表格，如图 3.42～图 3.44 所示。

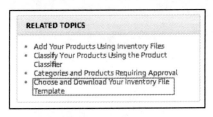

图 3.42　模板下载

File Type	Use Case	File Name	More Info	Video Tutorial
Product creation and matching	A page does not exist on Amazon, and you have complete product information.	Category-specific inventory files	UIEE files can also be used for Books	How Do I Fill Out a Template?
Product matching only	A page exists on Amazon, and you do not have complete product information.	Inventory Loader	For information about Inventory Loader and the required fields, see Inventory Loader.	How Do I Use the Inventory Loader Template?

图 3.43　分类模板下载(一)

File templates	Style guides	Browse tree guide (BTG)	Approval required
Automotive & Powersports (Parts & Accessories) Automotive & Powersports (Tires & Wheels)	Automotive & Powersports (PDF) Motorcycles & ATVs (PDF)	Automotive and Powersports BTG	View requirements
Baby	Baby (PDF)	Baby BTG	No
Beauty	Beauty (PDF)	Beauty BTG	View requirements
Books	Use Book Loader	Books BTG	For Books, approval is

图 3.44 分类模板下载(二)

第三步：填写表格内容。

批量上传模板中的 6 个 Excel 表格，分别为 Instructions、Images、Data Definitions、Template、Example 和 Valid Values(见图 3.45)。

- Instructions：操作指南，对整个批量表格做基本介绍。
- Images：图片要求，即对上传所有图片的要求。
- Data Definitions：数据定义，对整个批量上传模板的每一个字段进行解释。
- Template：模板，即批量上传模板。卖家需要使用的就是这个模板，需要将产品的标题、价格、UPC、图片链接等必填内容填入模板之中。同时这个批量上传模板的格式是固定的，卖家不能随意修改。
- Example：例子，亚马逊提供上传模板的案例演示，卖家有需要可以进行参考。
- Valid Values：数据有效值。

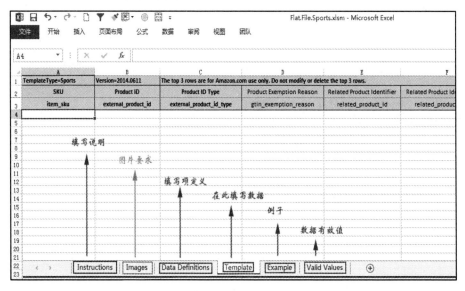

图 3.45 模板填写内容

第四步：批量上传多属性变体产品。

在批量上传模板中创建父子类关系(见图3.46)，主要使用以下字段。

- SKU要体现出该商品是父商品，并且与子商品的SKU类似。
- Product Name要体现出该商品是父商品，不能出现颜色、尺寸、文字。
- parent-child(父子商品)字段填写Parent来定义该商品为父商品。
- parent-sku(父商品SKU)字段为空，子商品填写父商品SKU。
- relationship-type(关系类别)，父商品字段为空，子商品填写Variation形式。
- variation-theme(变体类型)字段是用来定义商品是按照什么进行变体的，该字段可以选择为Size、Color或SizeColor。
- 父商品的颜色、尺寸等字段要为空，不能填写价格和数量信息，必须有一个主图。

TemplateType=outdoors	Variation-Populate these attributes only if product is available in different variations (for example color or wattage)							
Seller SKU	Product Name	Update Delete		Parentage	Parent SKU	Relationship Type	Variation Theme	Color	Color Map
item_sku	item_name	update_delete		parent_child	parent_sku	relationship_type	variation_theme	color_name	color_map
产品sku，父商品建议填写	产品标题		条件	选择变体关系	父产品不需要填写	父产品不需要填写	填写变体主题	父产品不需要填写	父产品不需要填写
父商品sku	Brand Keyword	Update	New	Parent			ColorName	black	black
子商品sku	Brand Keyword	Update	New	Child	父商品sku	Variation	ColorName	red	red
子商品sku	Brand Keyword	Update	New	Child	父商品sku	Variation	ColorName	white	white
子商品sku	Brand Keyword	Update	New	Child	父商品sku	Variation	ColorName	green	green

图3.46 创建父子类关系

第五步：检查并上传。

可先单击检查库存文件(见图3.47)，让系统检查文件是否有错误。下载文件处理报告，错误的行列会提醒并标注出来，卖家更改后再检查文件或上传文件。

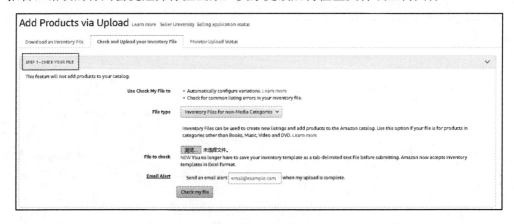

图3.47 检查模板

上传文件后会自动跳转到监控文件上传状态界面，根据文件大小可能需要几分钟甚至几小时才能显示出来，如图3.48所示。

图 3.48　模板上传

注意：如依旧存在错误，下载错误报告进行修改，保存表格并在此上传即可。亚马逊系统审核时间不尽相同，所以上传的产品在前台进行显示大概需要几分钟到几小时不等。

3.3　物流配送

亚马逊后台为卖家提供了两种订单配送形式：自配送和亚马逊配送。一款产品既可以单独做自配送发货，也可以单独做亚马逊配送发货，同时也可以两种方式全部选择。

3.3.1　自配送

自配送(Merchant Fulfillment Net，MFN)，即卖家自配送形式。卖家刊登的产品，如选择了自配送形式，那么买家下单后，要由卖家自行安排相关发货事宜。

自配送订单发货流程：亚马逊后台操作订单——打包发货——投递包裹——客户收货。

1. 配送设置

亚马逊后台为卖家提供两种配送设置：一般配送设置(General Shipping Settings)和配送模板(Shipping Templates)。

- 一般配送设置：多为亚马逊默认的按件数/重量计费的配送模式。
- 配送模板：可以创建多个不同的配送模板，系统默认的是 Migrated Template 模板，这个默认的模板针对整个店铺自发货的产品有效。如果不同的 SKU 想要设置不同的运费，则需要创建相应的配送模板。

1) 系统默认的模板 Migrated Template

在后台选择"设置"→"配送设置"命令(见图 3.49)，单击"配送模板"按钮(见图 3.50)。

图 3.49　配送设置

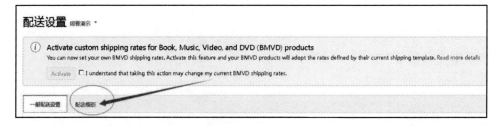

图 3.50　模板设置

结合实际情况编辑配送地区、设置相应的运费，如图 3.51 所示。

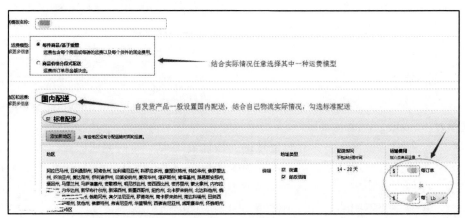

图 3.51　设置运费

2) 创建新配送模板匹配到相应的 SKU

参照系统默认的模板 Migrated Template 设置进行新配送模板创建，在完成时单击 Save(保存)按钮即可添加新配送模板，如图 3.52 所示。

图 3.52 设置新模板

为新模板匹配 SKU：在后台"管理库存"中勾选要设置的 SKU，然后单击"选择配送模板"(见图 3.53)，进入跳转页面后选择已经创建好的新模板即可(见图 3.54)。

图 3.53 匹配新模板

图 3.54 匹配 SKU

2. 卖家自配送 Prime

卖家自行配送的 Prime 是支持卖家从自己的仓库直接向国内 Prime 买家进行配送的配送计划。亚马逊 Seller Fulfilled Prime 计划的目标，是为了让更多的卖家提供"会员级"的运输服务，让卖家提高自发货订单运航能力，达到高效、高品质的服务水准。卖家自行配送的 Prime 试用期结束后，卖家注册的商品将显示有 Prime 标记，从而提升其对亚马逊买家的可见性。

1) 注册前提

(1) 账户类型：必须是专业的销售计划的账户。

(2) 优质运输：卖家必须参与额外加价的运输模式，能提供当天到货或两天免费运输的服务，或者两种都能提供。

(3) 航运公司接货时间表：至少有一个已被批准的航运服务运营商(目前是 UPS、USPS、FedEx)，必须提供在当地时间下午 4 点或 4 点以后，可以上门取货的时间表。

(4) 绩效要求：

① Feedback：4.5 分或更高。

② 需要连续 30 天达到或超过下列绩效指标。

- 提供至少 94%以上的有效的跟踪 ID。
- 准时送达率至少达到 96%以上。
- 订单的取消率不能超过 1%。

2) Seller Fulfilled Prime 优势

(1) 避免库存分割。

此前，卖家会有选择地将商品运到亚马逊的仓储中心，而其他商品则根据卖家的市场布局四处分散。在加入 Seller Fulfilled Prime 后，卖家可以不用再七零八落地分别处理 FBA 和其他仓库。

(2) 处理退货更容易。

卖家通过 Seller Fulfilled Prime，可以直接处理会员购买的商品退货。这个项目帮助卖家更容易地跟踪和确定产品退货问题。

(3) 对有大件、超重商品的卖家很有利。

FBA 卖家必须为头程支付费用，然而使用 Seller Fulfilled Prime，则无须再支付额外的费用，可直接把商品运送给消费者。卖家节省了运输成本的话，也可以给消费者提供一个更便宜的价格，更具有竞争优势。

(4) 降低了亚马逊修建新的仓储中心的成本。

亚马逊本身将从这个项目中受益。通过允许卖家处理自己的订单，也就相当于减少了仓储中心的建造成本、运营成本以及仓储压力。

3) 试用期

在加入卖家自配送 Prime 计划之前，必须通过试用期，证明符合 Prime 高效配送要求和客户满意度要求。在试用期内，卖家必须遵守卖家自配送 Prime 的计划条款并达到下文所述的绩效要求。在试用期内，加入卖家自配送 Prime 计划的商品上不会显示 Prime 标记。如果成功通过试用期，便会自动加入卖家自配送 Prime 计划，随后系统会向买家显示 Prime 标记。

(1) 注册。通过后台链接：https://sellercentral.amazon.com/seller-fulfilled-prime/register/welcome 填写账户信息进行注册(见图 3.55)。

图 3.55　卖家自配送 Prime 注册

(2) 在配送模板中启用 Prime 配送。图 3.56 为参照的配送方式以及收费标准。

配送方式	Prime 买家	非 Prime 买家
当日达 – 选择美国大陆城市（0-1 个工作日）	免费	不超过 15 磅的包裹：卖家设置，最高 5.99 美元 超过 15 磅的包裹：卖家设置，每磅最高 0.25 美元
隔日达 – 美国大陆（2 至 3 个工作日）	免费	卖家设置运费
标准配送 – 美国大陆（3 至 5 个工作日）	免费	免费
标准配送 – 阿拉斯加、夏威夷、波多黎各（4 至 8 个工作日）	免费	卖家设置运费
标准配送 – 美国保护国/地区、APO/FPO（2 至 28 个工作日）	卖家设置运费	卖家设置运费
自由经济型（3 至 10 个工作日）	免费	免费

图 3.56　配送标准

(3) 配送模板分配 SKU。

(4) 配送 Prime 试用订单。在试用期内，卖家必须保证至少有 50 个 Prime 试用订单满足以下绩效要求：准时发货率至少为 99%；至少 98%的试用订单使用 buy shipping；取消率低于 0.5%。

3. 自配送订单发货操作

(1) 进入后台，将鼠标指针移动到 ORDERS(订单)，选择 Manage Orders(管理订单)选项，如图 3.57 所示。

(2) 筛选未发货订单，选择 Confirm shipment(确认订单)选项(见图 3.58)。

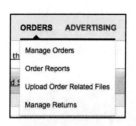

图 3.57　订单操作　　　　　　　　　　　　图 3.58　确认订单

(3) Carrier(承运)可以选择实际发货快递(见图 3.59)。

图 3.59　选择承运商

(4) 填写 Tracking ID，即实际物流快递运单号(见图 3.60)。

图 3.60　填写快递运单号

(5) 单击 Confirm shipment 就完成了自配送订单的发货。

4．订单页面词汇梳理

1) 未发货订单

(1) print packing slip：打印发货订单。

(2) confirm shipment：确认订单。

(3) buy shipping：指物流上门取件，美国站取件地址只能是美国。

(4) cancel order：取消订单，30 分钟之内买家可以取消订单，超过 30 分钟买家想取消订单，则需要向卖家提出申请。

2) 已发货订单

(1) print packing slip：打印发货订单。

(2) edit shipment：编辑。

(3) refund order：退款。

3.3.2 亚马逊配送

FBA(Fulfillment by Amazon)即亚马逊物流,是亚马逊平台提供的代发货付费物流服务。亚马逊卖家需提前将售卖产品发往亚马逊各站点对应的 FBA 仓库,再由亚马逊提供仓储、拣货、打包、配送、退货、客服等一条龙付费物流服务。例如卖家在美国站进行销售,需提前将产品打包发到亚马逊美国的 FBA 仓库,待仓库人员收到货后,进行库存匹配操作;有买家下单后,方可进行配送服务。

FBA 订单发货流程(见图 3.61):卖家备货发送至亚马逊仓库——操作订单——亚马逊发货——派送客户。

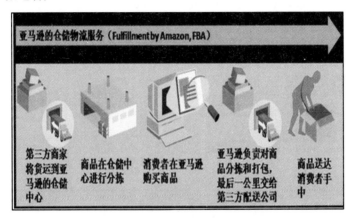

图 3.61　FBA 流程

1. FBA 的利与弊分析(见表 3.1)

表 3.1　FBA 的利与弊

对象	买　家	卖　家
利	(1)仓库遍布全球,提供高速的配货方式,缩短买家收货时间; (2)所有由亚马逊物流配送的订单,拥有专业的客户服务,提供给买家更加优质的购物体验; (3)会员买家可享受免邮费政策; (4)退换货方便	(1)减少物流成本,缩短配送时间; (2)增大获得购物车可能性,有助于提高流量以及转化; (3)由亚马逊物流导致的差评,可以申请移除
弊	非会员需承担亚马逊配送运费	(1)定期收取月仓储费以及长期仓储费用; (2)头程费用; (3)需要支付订单配送费; (4)退货率高; (5)无法跟进售后

2. FBA 订单收费标准

1) 尺寸分段(见图 3.62)

包装后的商品的最大重量和尺寸					
商品尺寸分段	重量	最长边	次长边	最短边	长度 + 周长
小号标准尺寸	12 盎司	15 英寸	12 英寸	0.75 英寸	不适用
大号标准尺寸	20 磅	18 英寸	14 英寸	8 英寸	不适用
小号大件	70 磅	60 英寸	30 英寸	不适用	130 英寸
中号大件	150 磅	108 英寸	不适用	不适用	130 英寸
大号大件	150 磅	108 英寸	不适用	不适用	165 英寸
特殊大件*	超过 150 磅	超过 108 英寸	不适用	不适用	超过 165 英寸

图 3.62　尺寸分段

单位换算：

1"(英寸)=2.54 cm (厘米)

1 lb(磅)=0.4536kg (千克)

1 oz(盎司)=28.35g (克)

1 cubic foot(立方英尺)=28.32 cubic dm(立方分米)

2) 标准尺寸收费(见图 3.63)

亚马逊物流配送费用（标准尺寸）				
	小号标准尺寸(不超过 1 磅)	大号标准尺寸(不超过 1 磅)	大号标准尺寸(1 磅至 2 磅)	大号标准尺寸(超过 2 磅)
配送费用(全年费率)	$2.41	$3.19	$4.71	$4.71 + 超出首重（2 磅）的部分 $0.38/磅

图 3.63　FBA 收费标准(一)

3) 大件尺寸收费(见图 3.64)

亚马逊物流配送费用（大件商品）				
	小号大件	中号大件	大号大件	特殊大件
配送费用(全年费率)	$8.13 + 超出首重（2 磅）的部分 $0.38/磅	$9.44 + 超出首重（2 磅）的部分 $0.38/磅	$73.18 + 超出首重（90 磅）的部分 $0.79/磅	$137.32 + 超出首重（90 磅）的部分 $0.91/磅

图 3.64　FBA 收费标准(二)

4) 发货重量计算

(1) 标准尺寸和特殊大件：需计算每件商品的发货重量，计算方式是包装重量加上商品重量。每件商品的总重量将向上取整到最接近的磅数。然后，根据图 3.63 和图 3.64 来计算配送费用。

(2) 重量超过 1 磅的大号标准尺寸商品、小号大件、中号大件和大号大件商品：需要计算每件商品的发货重量，计算方式是包装重量加上商品重量或体积重量，取商品重量和体积重量之间的较大值。体积重量等于商品体积(长×宽×高)÷139。每件商品的总重量将向上取整到最接近的磅数。然后，根据图 3.65 使用发货重量来计算配送费用。

尺寸分段	包装重量	发货重量 （向上取整到最接近的整数磅数）
标准尺寸（不超过 1 磅）	4 盎司	商品重量[1] + 包装重量[2]
标准尺寸（超过 1 磅）	4 盎司	商品重量或体积重量[3]中的较大者 + 包装重量
大件	1 磅	商品重量或体积重量中的较大者 + 包装重量
特殊大件	1 磅	商品重量 + 包装重量

图 3.65　发货重量

3. FBA 的使用与限制

卖家需了解收费标准，寻找适用于该收费政策的产品，才能保证店铺的利润。

1) 体积小、利润高的产品

体积小，方便运输，成本降低，从而提高产品利润，但产品本身售价不宜过低，因为有各种交易费用的收取，售价过低，利润难免也会降低。

2) 高质量产品

由亚马逊进行配送，卖家无法预估物流以及退换货过程中产生的损耗，建议以高质量的产品为主，尽量减少退换货的出现。

卖家选好产品后，并不是所有的产品亚马逊都会进行接收与配送，如图 3.66 所示是使用 FBA 的一些产品限制。

受限商品

- 动物和动物用品
- 汽车用品
- 服装
- 合成木制品
- 化妆品和护肤/护发用品
- 货币、硬币、现金等价物和礼品卡
- 膳食补充剂
- 药物和药物用具
- 电视/音响
- 爆炸物、武器及相关商品
- 出口控制
- 食品和饮料
- 有害商品和危险品
- 珠宝首饰和贵重宝石
- 激光商品
- 灯具
- 开包饰和盗窃设备
- 医疗器械和配件
- 冒犯性和有争议的商品
- 杀虫剂
- 允许出售的商品示例
- 回收电视/音响类商品
- 性健康用品
- 监控设备
- 烟草和烟草装商品
- 质保、服务方案、合约和担保
- 其他受限商品

图 3.66　受限商品

3.3.3　FBA 头程

FBA 头程，即产品从货源地发往亚马逊 FBA 仓的整个运输过程；头程费用，即整个运输过程中所产生的所有物流费用。例如，卖家的产品货源在中国广州，在美国站点进行售卖，那么产品从广州到亚马逊美国站 FBA 仓这段过程即为头程，中间所产生的一系列物流费用，如清关、缴纳关税等，即为头程费用。

1. FBA 头程的运输方式(见表 3.2)

表 3.2　头程运输方式

方　式	空　运	海　运
流程	准备产品→国内提货→国内机场出发→空运到目的港→派送 FBA 仓	准备产品以及相关单证→订舱→放舱→安排拖车→安排报关→确认放行→快递给 FBA 仓
时效	时效快	时效很慢，45 天左右
涉及费用	运费、关税	运费、税金、报关费用、打托盘费等
常见国际物流	DHL、UPS、FedEx、USPS 等	

2. 创建 FBA 入库计划

了解头程概念后，下面具体展示如何在亚马逊后台创建入库计划，将货件发往亚马逊海外仓。

1) 选择发货产品

鼠标指针移动到 Inventory (库存)，单击 Manage FBA Inventory (管理亚马逊库存)，进入 Inventory Amazon Fulfills(亚马逊库存)页面。在 Status(状态)处方框内勾选产品(见图 3.67)。

图 3.67　创建入库计划(一)

2) 选择发/补货

鼠标指针移动到 Action on 2 selected(适用于 2 件选定商品)，单击 Send/replenish inventory(发/补货)(见图 3.68)，单击 Yes，continue(是，继续)按钮进行货件的创建(见图 3.69)。

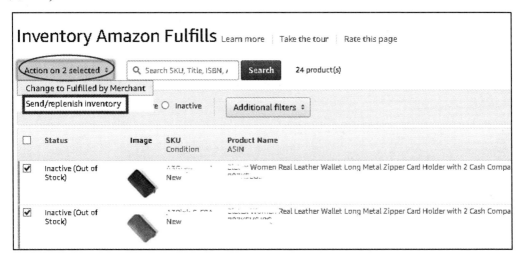

图 3.68　创建入库计划(二)

图 3.69　创建入库计划(三)

3) 填写发货地址以及选择包装方式

包装类型：一个货件可以包含混装发货商品或者原厂包装发货商品(见图 3.70)。

- 混装发货。

如果货件包含 SKU 和状况均不相同的单独商品，请选择"混装发货"。

- 原厂包装发货商品。

如果货件包含之前由制造商包装的含有具有相同商品状况、匹配 SKU 的相同商品的箱子，则选择"原厂包装商品"。每个装运箱必须包括相同的商品数量。

图 3.70 包装方式

4) 设置发货数量(见图 3.71)

在 Units(商品数量)处填写实际发货数量,必要时填写产品尺寸信息。

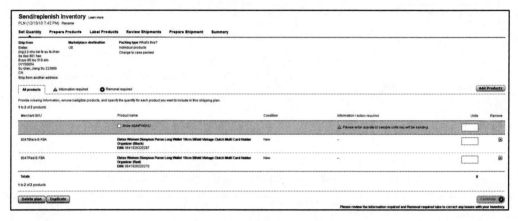

图 3.71 设置发货数量

5) 准备商品

为产品在 Who prepares 处选择准备方(见图 3.72)。

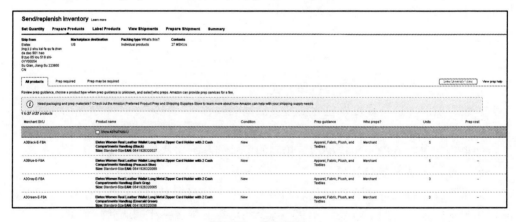

图 3.72 准备商品

6) 为商品贴标签

填写标签个数，并打印产品标签，如图 3.73 所示。

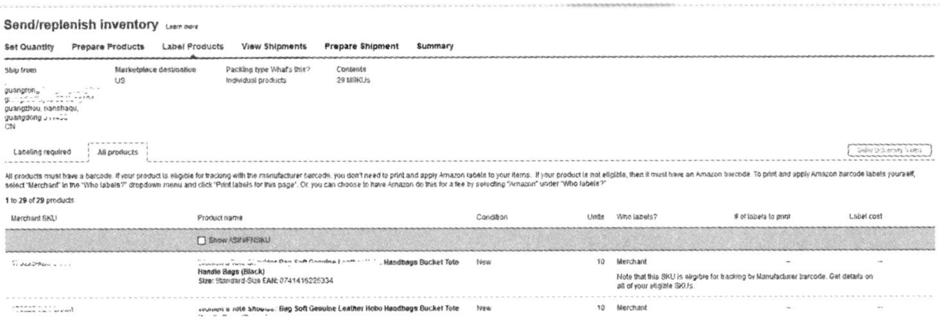

图 3.73　打印标签(一)

发 FBA 仓的每一个产品都要贴标签，亚马逊后台会让卖家选择由亚马逊贴标签还是卖家自己贴标签。如果卖家选择自己贴标签，在 Who labels 下面选择 Merchant，并选择相应规格的标签纸打印标签(见图 3.73)。

正常情况下，亚马逊默认使用 A4 格式的纸张打印，卖家可以自行购买 A4 格式的不干胶纸进行打印。一般情况下，每张 A4 纸打印标签个数在 21～44 个。卖家可以根据产品包装大小来选择相应的规格进行打印。选择完成后，单击 Print labels for this page 按钮进行标签打印。打印出来后，再将标签一个个贴在产品或者产品外包装上。接着再单击 Continue 按钮，进行下一步操作(见图 3.74)。

图 3.74　打印标签(二)

7) 检查货件详情

检查货件的起运地、包装类型、商品、商品准备费等信息。确认信息无误后，卖家也可以看到"目的地"，即 FBA 仓的地址，如图 3.75 所示。

图 3.75　检查货件

8) 准备货件

(1) 在 Shipping service 栏填写货件承运信息，选择运输方式以及承运人，如图 3.76 所示。

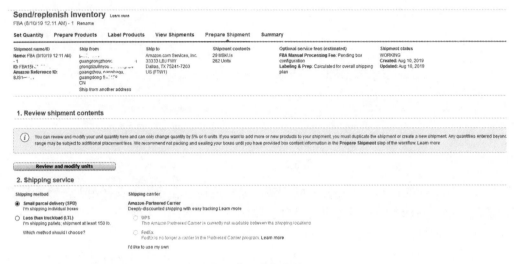

图 3.76　准备货件

(2) 在 Shipment packing 栏填写箱内信息(见图 3.77)。

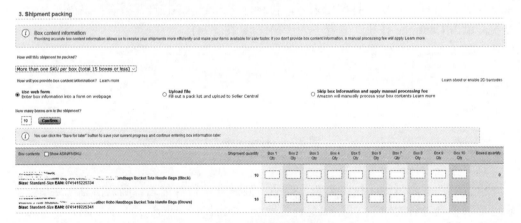

图 3.77　填写箱内信息

(3) 在 Shipping labels 栏打印货件标签(见图 3.78)。

9) 录入物流单号

装箱完毕后，将货交给货运公司，发往 FBA 仓。卖家录入运输单号即可，如图 3.79 所示。

图 3.78　打印货件标签

图 3.79　填写跟踪信息

亚马逊货件的要求如下。

箱子重量：①箱子不得超出 50 磅(22.7kg)的标准重量限值，除非其中包含单件重量超出 50 磅的大件商品；②对于单件重量超出 50 磅的大件商品，必须在箱子顶部和侧面贴上明确标明"Team Lift"的标签；③对于单件重量超出 100 磅的大件商品，必须在包装箱顶部和侧面贴上明确标明"机械升降"的标签；④包含珠宝首饰或钟表的箱子不得超出 40 磅。

尺寸：包含多个标准尺寸商品的箱子在任何一侧的长度均不得超过 25"(64cm)。

查看货件一览(见图 3.80)。

图 3.80　货件一览

3. 龙舟计划

龙舟计划(Dragon Boat China Consolidation)，即"亚马逊中国龙舟集货跨境物流服务"，是亚马逊物流 Plus 计划针对中国市场的战略布局。FBA 龙舟计划也就是亚马逊推行的锁仓服务，即亚马逊卖家在后台申请锁仓服务通过后，亚马逊会将同一亚马逊账号下整批货物 FBA 发货计划全部集中锁定到龙舟仓内,标准货物会被锁到 ONT8,超大件会被锁到 IND5,服装首饰类会被锁到 SDF8,进而避免被系统自动地将整批货分拆分配到全美各 FBA 仓,以至于显著地降低了卖家的头程运输成本及很好地缩短了上架时效。

亚马逊龙舟计划的头程服务不收取额外的分仓费用。中国卖家只需要把商品运送到亚马逊在中国的仓库,然后等待商品上架销售即可。亚马逊中国的官方将负责商品的出口通关、运输、进口清关、商品入库等一系列事务。

它的大致流程是:中国工厂/卖家→亚马逊中国库房→海关出口→运输→海关进口→亚马逊库房→终端客户。

1) 龙舟计划的基本常识

目前,不管是中国香港卖家、中国台湾卖家,还是大陆卖家,甚至于美国卖家,只要货物在中国出运,都可以直接申请"龙舟计划"。

注意:必须是以公司名义申请,不接受个人卖家账户申请龙舟计划。

2) 龙舟计划优势

(1) 节省物流成本。

过去中国卖家在亚马逊上热卖的产品大多是轻小类产品,比如服装、饰品、3C 数码产品,而那些体积和重量比较大的产品往往因为物流成本高企只能作罢。但是参加亚马逊龙舟计划后,大型家具类等产品的卖家将会迎来红利期。

(2) 保证物流时效。

亚马逊的龙舟计划将给中国卖家带来极大的便利,不但在时效方面有保证,还会节省大量的物流成本。

3.3.4 FBA 仓储费用

关于仓储费用,亚马逊有两种形式:月仓储费和长期仓储费。月仓储费,即按照月份收取,每月的 7 日到 15 日之间收取上个月的库存仓储费。长期仓储费,是针对存储在库存 181~365 天以上产品进行收取费用,每月 15 日收取。

1. 月仓储费收费标准(见图 3.81)

Month	Standard-size	Oversize
January - September	$0.69 per cubic foot	$0.48 per cubic foot
October - December	$2.40 per cubic foot	$1.20 per cubic foot

图 3.81 月仓储费用

2. 长期仓储费(见图 3.82)

Long-term storage fees		
Inventory cleanup date	Items in fulfillment centers 181 to 365 days	Items in fulfillment centers more than 365 days
15th of every month	$3.45 per cubic foot	$6.90 per cubic foot

图 3.82　长期仓储费用

3.4　亚马逊站内推广

亚马逊后台为卖家提供了多种可以向买家推广产品的方式，就本身亚马逊站内而言包括以下推广内容：促销、秒杀等销售策略，亚马逊单击付费广告推广，图文版详情描述，品牌旗舰店等多种方法。本节将针对基础的促销、抽奖、优惠券、秒杀、广告进行重点讲解。

3.4.1　促销

促销，即为亚马逊后台提高销量的销售方式，卖家可以通过折扣、买赠等形式在一定时间内将产品迅速销售出去。

1. 促销的目的

买家喜欢通过参与促销来节省费用。促销可以激励买家更快地作出购买决定，或者在不同的商品或卖家之间作出选择。在线购物时，买家会经常查看各种促销方案。要让促销产生效果，客户必须了解促销。促销必须提供足够的价值以对客户的选择形成积极的影响。

2. 资格

买家必须至少购买一定的数量、消费一定的金额，或购买特定的商品。

3. 适合做促销的产品

新品；滞销品；爆款。

4. 促销类型

免运费——Free Delivery(仅限自配送)。
满减及折扣——Money Off。

买赠——Buy One Get One。

买满再买优惠——External Benefits(亚马逊暂时停用)。

5. 创建方法

第一步：创建需做促销的产品列表。鼠标指针移动到 Advertising(广告)处，单击 Promotions(促销)进入促销管理页面，如图 3.83 所示。单击 Manage Product Selection (管理商品列表)，选择列表类型(SKU、ASIN 等)进行产品列表的创建(Create Product Selections)(见图 3.84)。

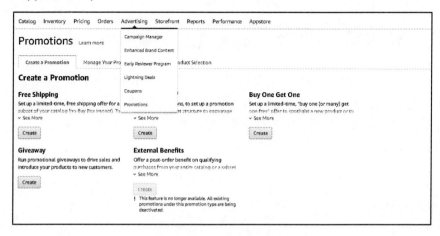

图 3.83　创建促销

图 3.84　创建产品列表

第二步：设置促销条件，如图 3.85 所示。

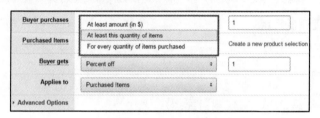

图 3.85　设置促销条件

(1) At least amount (in $)(至少 X 金额)：表示此促销方案只有在顾客购买至少 X 金额的商品时方适用，即买家最少要花费 X 费用才能享受此促销活动。

(2) At least this quantity of items(至少购物 X 样商品)：表示此促销方案只有在顾客购买 X 样商品时方适用，后面的框内必须填入数字。

(3) For every quantity of items purchased(每 X 样商品)：表示买家一次购买多少件商品就可以有优惠。假如设定一次购买五件某商品有优惠，那一次购买五件该商品的买家就会有优惠。

(4) Percent off：打折，即享受多少折的折扣优惠。比如，如果打九折，框内就填数字 10，想打 95 折，框内填 5(见图 3.86)。

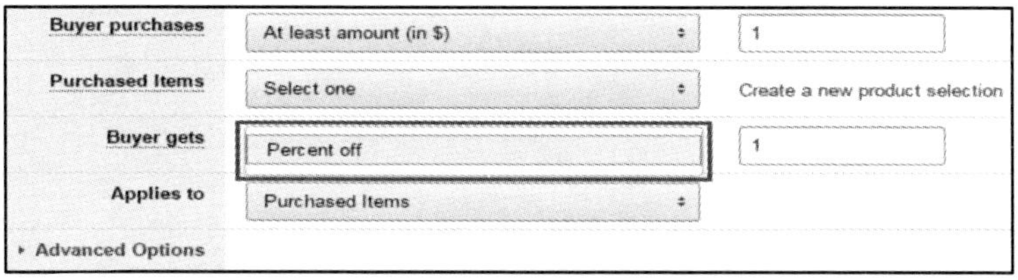

图 3.86 折扣设置

(5) Purchased Items(购买的商品)。一般默认的就是该选项(见图 3.87)。

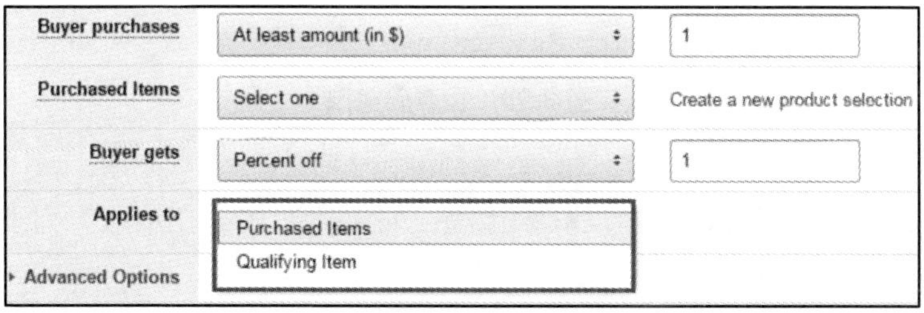

图 3.87 适用条件(一)

(6) Qualifying Item(指定的商品)。如果选择了这个选项，单击 Select an ASIN，表示当买家购买了某个选定的产品后才能享受优惠(见图 3.88)。

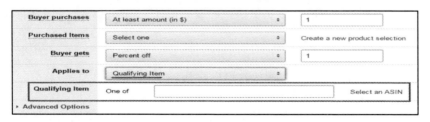

图 3.88 适用条件(二)

第三步：设置促销时间，如图 3.89 所示。

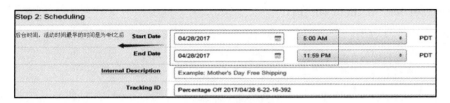

图 3.89 设置促销时间

第四步:选择优惠码类型,如图 3.90 所示。

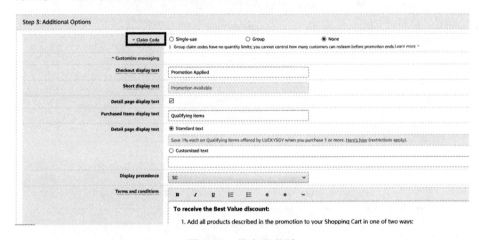

图 3.90 优惠码类型

(1) 促销优惠码——Claim Code。

主要是用来限制买家使用,以取得优惠。勾选后,买家在结账时需要输入优惠码才能享受促销优惠。

① 一次性——Single-use。

创建成功后,需要时去下载优惠码。具体步骤:管理促销→搜索促销→找到设置一次性优惠码促销→创建优惠码→下载。

② 无限制——Group。

没有数量限制。如果将无限制促销代码发布在社交媒体网站上,库存将在短时间内售完。

③ 无优惠码——None。

买家购买商品时无须输入优惠码就可以购买。

(2) 优惠码类型——Claim Code Combinability。

优惠码类型,用来区分促销的优先级、排他性等。当多个不同的促销活动同时进行时,可以通过创建不同的优惠码来指定组合逻辑。

① Preferential 除了与 Unrestricted 类型以及无优惠券代码促销可以叠加使用,

其他都没有叠加效果，包括自己。

② Unrestricted 类型的代码可以各种叠加使用。

第五步：文本设置。

(1) 结算时显示的文字——Checkout display text。

(2) 短显示文本——short display text：搜索页面时显示的信息。

(3) 商品详情页面显示文本——Detail page display text：勾选后，商品详情页里会显示促销信息，否则不显示。

(4) 须购买商品显示文本——Purchased Items display text：即显示需要买家购买的商品信息。

(5) 详情页面显示出的促销信息——Detail page display text：有两个选项。

① 标准文本——Standard text：系统推荐的促销文本信息。

② 自定义文本——Customized text：卖家自己编辑促销信息。

(6) 显示优先级——Display precedence：数字越小，此促销越优先生效。它适用于同时有多个促销活动进行活动排序时。

第六步：预览与发布。

(1) 用鼠标单击 Review (预览)按钮查看全部促销信息，如图 3.91 所示。

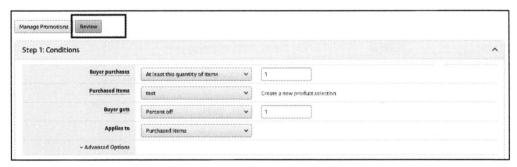

图 3.91　促销预览

(2) 若不需要更改信息，单击 Submit(提交)按钮即可，如图 3.92 所示。

图 3.92　提交促销

3.4.2 抽奖

对于亚马逊物流卖家而言,亚马逊抽奖可以充当一种营销工具,让卖家可以用自己的亚马逊商品作为奖品来设置抽奖促销。赠品提供者选择他们想要推出的赠品类型、想要提供的奖品数量,并设置中奖概率。亚马逊负责处理其他工作,向有可能购买商品的买家进行针对性的营销、选择赢家,以及向获奖买家配送奖品。如图 3.93 所示即为亚马逊抽奖推广邮件。

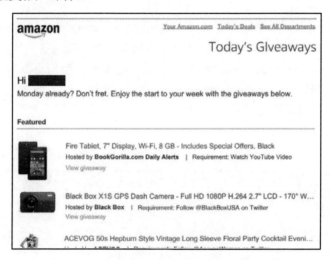

图 3.93 抽奖推广邮件

1. 使用优势

(1) 提高浏览量和销量。

(2) 建立商品和品牌的口碑。

(3) 提高流量和知名度。

(4) 营造社会存在感:利用抽奖吸引参与者关注 Twitter、发布 Twitter 消息或观看 YouTube 视频,从而增加曝光度并提高社会知名度。

2. 设置方法

第一步:从 Advertising(广告)下拉菜单中选择 Promotions(促销),单击 Giveaway(创建抽奖),如图 3.94 所示。

第二步:启用赠品,并选择商品,如图 3.95 所示。

第三步:选择抽奖类型,如图 3.96 所示。

第四步:设置要求,在参与抽奖之前,卖家希望参与者做什么?可参照图 3.97、

图3.98所示抽奖要求。

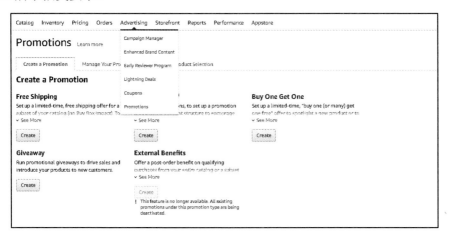

图 3.94 设置抽奖(一)

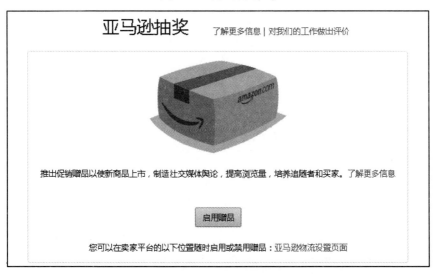

图 3.95 设置抽奖(二)

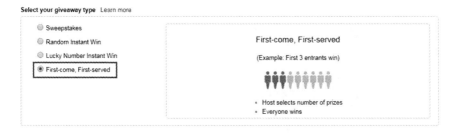

图 3.96 选择抽奖类型

图 3.97　抽奖要求(一)

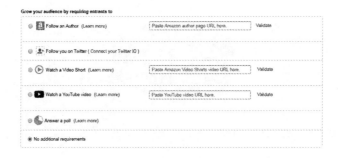

图 3.98　抽奖要求(二)

第五步：设置完成。卖家会收到一封电子邮件，其中包含有关如何选择参与者的指导(例如 Twitter、Facebook、电子邮件)。卖家也可以选择"公开我的奖品"，这样奖品就会在"今日抽奖"等面向亚马逊买家的计划中公开。

3. 注意事项

(1) 选择适合的商品和品牌的抽奖。请根据活动目标来设置中奖概率、入门要求和奖品数量。

(2) 选择新的或有趣的商品。买家希望赢得他们一般不会购买的商品。请选择买家乐于拥有的、有趣的并且能够吸引大量受众的商品。

(3) 重视买家。当创建亚马逊抽奖时，请考虑买家如何参与商品互动以及如何抽奖。请保持中奖概率真实、奖品有趣并且内容激动人心。

3.4.3 优惠券

优惠券(coupons)是亚马逊后台新上线的一种优惠方式，设置方式如下。

第一步：鼠标指针移动至 ADVERTISING(广告)，单击 Coupons→Create a new coupon 开始设置优惠券，如图 3.99 所示。

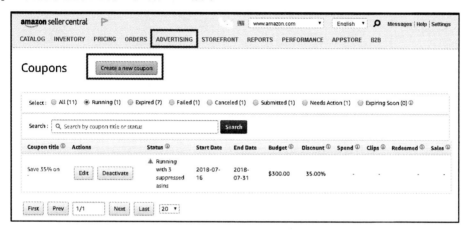

图 3.99 创建优惠券

第二步：选择需要做优惠的产品，可以通过 ASIN 或者 SKU 搜索添加，单击 Continue to next step 进行下一步操作，如图 3.100 所示。

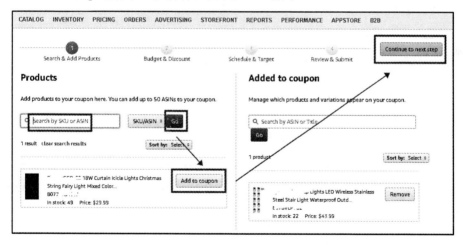

图 3.100 选择产品

第三步：设置优惠方式(Money Off(减免)或者 Percentage Off(折扣))，选择使用次数限制，以及分配预算，如图 3.101 所示。

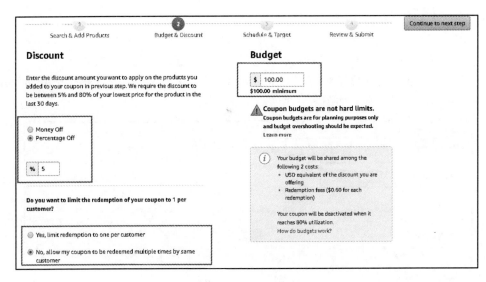

图 3.101　设置预算

第四步：设置优惠券标题以及活动开始与截止的时间，如图 3.102 所示。

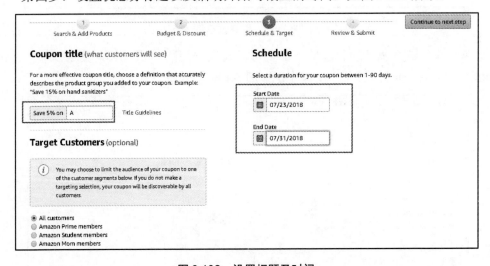

图 3.102　设置标题及时间

第五步：预览以及提交，如图 3.103 所示。

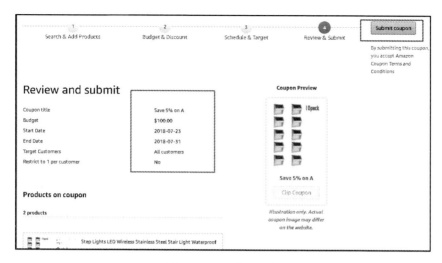

图 3.103 预览与提交

3.4.4 秒杀

1. 什么是"秒杀"

"秒杀"(Lightning Deal)是指有时间限制的优惠促销活动。"秒杀"在亚马逊首页有流量入口,是亚马逊买家最喜欢浏览的页面之一。"秒杀"时间一般限制在 6 小时以内,而参与秒杀的商品一般需有大幅度的折扣。

2. 为什么"秒杀"对卖家这么重要?

1) 增加曝光

秒杀出现在亚马逊访问量最高的页面中,易于被更多的买家看到。

2) 连锁反应

在秒杀的促销期间甚至结束之后,都有可能带动其他产品的销售,提高店铺的整体销量。

3) 清理库存

帮卖家处理掉库存过多的、滞销的、季节性的产品,也相应减少了长期仓储费用。

4) 提高竞争优势

亚马逊系统会优先推荐畅销的、有折扣的产品,能够更好地吸引买家。

5) 下单更快

易于被买家看到,买家只需要快速浏览一下产品详情页和评论,就可以直接下单购买。

6) 更方便移动端浏览

移动电子商务将成为消费者线上购物的主流方式,"Today's Deals"非常方便移动端客户的浏览，提高移动端的下单率。

3. 哪些商品有资格参与秒杀？

符合以下条件的合格商品会自动显示在"秒杀活动管理"的"推荐"部分。

1) 质量

商品评级必须至少为 3 星，但此标准可能会因商城而异，且在一年中的不同时段会有变化。

2) 变体

秒杀应包含尽可能多的商品变体(如尺寸、颜色、款式等)。对于某些商品(如服装和鞋靴)，亚马逊会在创建秒杀时具体说明预设的商品变体最小比例。

3) 分类

不符合条件的商品包括但不限于：电子烟、酒类、成人用品、医疗器械、药物和婴儿配方奶粉。

4) 配送方式

商品必须在所有州(包括波多黎各)内符合 Prime 要求。可以在配送设置中选择亚马逊物流(FBA)或卖家自行配送网络(MFN)Prime。

5) 状况

只有新品符合参与秒杀的条件。

3.4.5　亚马逊广告(CPC)

在亚马逊上投放广告可帮助卖家提高品牌知名度，并向搜索类似商品的买家推广商品。借助按点击次数付费广告，卖家可以通过亚马逊的广告活动管理工具报告管理广告活动。卖家可以查看为广告点击量支出的费用，定位买家使用的关键词，并衡量广告活动带来的影响。卖家可以随时调整预算和竞价以测试合适的预算和出价，以及测试新的关键词。

1. 广告类型

亚马逊提供两种按点击次数付费广告解决方案：商品推广和头条搜索广告。

1) 商品推广

可以推销亚马逊上发布的单件商品。选择要推广的商品，分配关键词，然后输入每次点击成本金额。当买家搜索一个或多个关键词时，就可显示要推广的商品。当买家点击头条搜索广告时，卖家可以指定将广告转到在亚马逊上的品牌店铺或亚马逊上展示商品的任何页面。

2) 头条搜索广告

可以提高商品的知名度。创建的广告创意包括标题、徽标和商品图片。当买家点击头条搜索广告时,广告会被转到推广的品牌商品。

图 3.104 所示是商品推广和头条搜索广告之间的主要功能差异。

功能	商品推广	头条搜索广告
自动投放	是	否
否定关键词	是	否
广告活动结构	广告活动,广告组,关键词	广告活动,创意,关键词
预算选项	每日预算	每日预算,生命周期预算
广告审核	否	是

图 3.104 亚马逊广告类型

2. 运作方式

商品推广是一种让卖家可以推广在亚马逊上发布的商品的方式,借助此方式,可以更好地控制在亚马逊上的商品销售。当买家搜索进行竞价的关键词时,定向广告可提升商品的曝光率。

卖家可选择要推广的商品,为这些商品指定关键词,并输入每次点击费用竞价。亚马逊买家搜索列出一个或多个关键词时,广告就能够显示在亚马逊上不同的展示位置。只有当亚马逊买家点击该广告时(此时,买家将转至商品所在的详情页面),卖家才需要付费。

3. 投放前提

商品推广面向专业卖家开放。要使用商品推广进行推广,需要满足以下条件。

(1) 拥有信誉良好且有效的亚马逊账户。
(2) 能够向正在推广商品的商城发货。
(3) 已设置有效的付款方式。
(4) 可在一个或多个分类中发布商品。
(5) 发布的是新品。
(6) 发布的商品有资格竞争购买按钮。

4. 适用分类

亚马逊不支持推广成人用品、二手商品或翻新商品,它适用的分类如图 3.105 所示。

5. 广告设置方法

第一步:设置广告活动。

广告活动由一个或多个广告组组成。卖家可以使用广告组将类似的 SKU 集合起来。在自动投放型广告活动中,可以为整个广告组设置一个竞价。在手动投放型广告活动中,可以针对广告组中的所有 SKU 选择一组通用关键词。鉴于关键词和竞价适用于广告组中的所有 SKU,建议选择相关度较高的 SKU。

图 3.105 亚马逊广告适用的分类

广告组的基本要素包括广告组名称、最高每次点击费用竞价、SKU 和关键词。

进入卖家后台，鼠标指针移动到 Advertising(广告)，单击 Campaign Manager(广告活动管理)，选择 Create Campaign，如图 3.106 所示。

图 3.106 创建广告

第二步：选择广告类型 Sponsored Products 并单击 Continue 按钮，如图 3.107 所示。

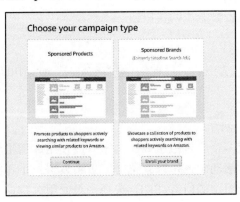

图 3.107 选择广告类型

第三步：设置广告活动名称"Campaign name"、开始"Start"时间、截止"End"时间，以及每日预算"Daily budget"，并且选择投放类型，如图3.108所示。

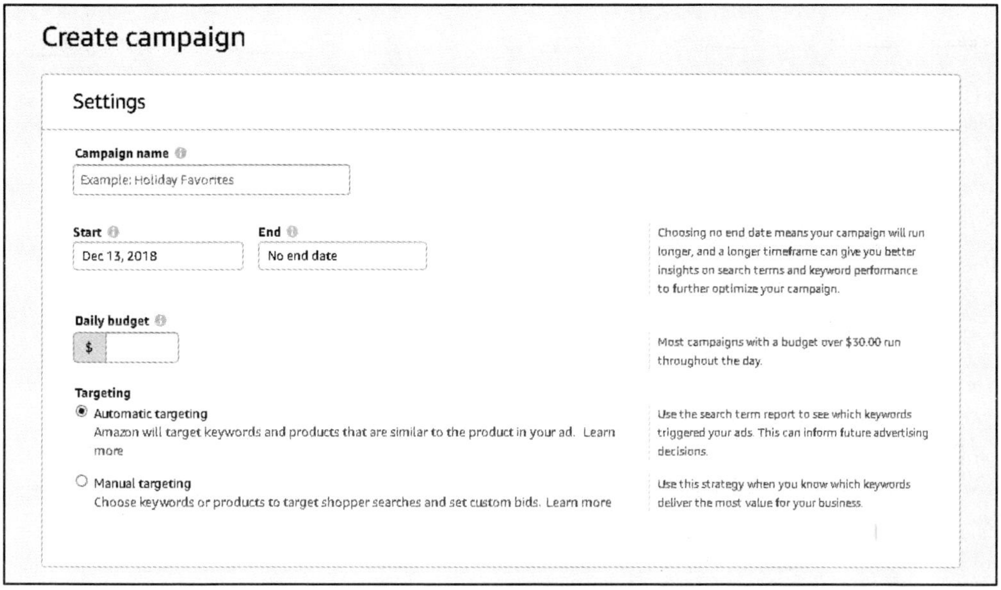

图3.108　设置广告

（1）广告活动名称"Campaign name"。

只有卖家自己可以在"广告活动管理"中看到广告活动名称。它不会显示在广告中，也不会对买家显示。建议根据要宣传的商品类型或要推广的季节性商品来为广告活动命名。

（2）每日预算"Daily budget"。

每日预算是指打算用于一个广告活动的每日平均开销金额。该预算将分布到一个月中，并应用于该月的每一天。

例如，假设预算是一天10美元，以三天为周期，卖家可能会看到以下支出情况。

第1天：可用预算为10美元，支出5美元。

第2天：可用预算为15美元(10美元加上第1天剩余的5美元)，支出15美元。

第3天：可用预算为10美元(第2天无剩余)。

（3）起"Start"止"End"日期。

广告活动可以立即开始，也可以将开始日期设置为未来的日期，然后持续进行广告活动(无结束日期)。对于季节性广告活动，可以选择起止日期，可以随时暂停广告活动并在之后重新启动。但如果将广告活动存档，就无法再重新启动了。

(4) 自动投放"Automatic targeting"。

通过自动投放，亚马逊会将广告与关键词以及与广告中商品相似的商品进行匹配。亚马逊会根据与商品信息相关的买家搜索选择关键词和商品匹配。自动投放可让卖家轻松快速地创建广告活动。广告活动投放后，可以在"广告活动管理"中查看广告活动的效果，以监控广告的曝光量和点击量并修改投放，进而实现业务目标。

(5) 手动投放"Manual targeting"。

对于拥有投放经验的更多的高级广告商而言，手动投放有助于针对性地投放关键词和商品。卖家可以为关键词选择不同的匹配类型，并选择与商品相关的分类、商品、品牌或特性。

第四步：设置广告组名称，选择要推广的商品，如图 3.109 所示。

广告组名称"Ad group name"：请指定一个描述性的、有意义的广告组名称。广告组名称在广告活动中必须是独一无二的，但可以将同一个广告组名称用于不同的广告活动。广告组名称用于在卖家平台展示，不会被买家看到。

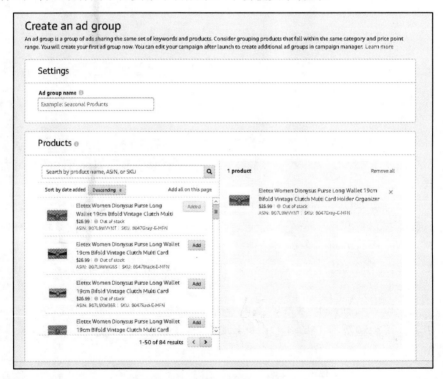

图 3.109　选择要推广的商品

第五步：设置默认竞价以及选择关键词。

(1) 默认竞价。

默认竞价是将为买家点击广告支付的最高竞价(启用"竞价+"的广告活动除外)。

为了帮助卖家竞价，亚马逊会为卖家选择的商品提供建议的竞价和竞价范围。可以随时更改竞价，如图 3.110 所示。

图 3.110　设置竞价

(2) 关键词。

创建手动投放型广告活动时，可以使用亚马逊推荐的关键词，也可以自行添加关键词，还可以结合使用这两种方式来添加关键词。强大的关键词列表有助于定位到最可能购买该商品的目标买家，如图 3.111 所示。

图 3.111　广告关键词

提示：

(1) 可以随时向现有广告组中添加新的关键词。在广告活动管理中，依次单击广告活动名称、关键词和添加关键词，如图 3.112 所示。

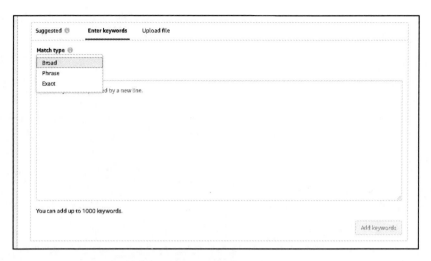

图 3.112　手动添加关键词

(2) 根据目标选择关键词，并设置适当的竞价，如图 3.113 所示。含义较宽泛的关键词或许能获得更多的曝光量，但只能收获较低的点击量和转换率，相对而言，具有高度针对性的关键词与广告具有高度相关性，或许它们收获的曝光量较少，但却能产生更高的点击量和转换率。

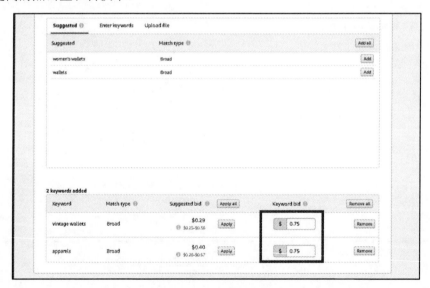

图 3.113　设置竞价

(3) 将类似的关键词归在一个广告组中。按照类似的商品主题创建广告组。例如，如果销售的是室内和室外灯具，请创建两个广告组：一个广告组中包含有关室外灯具的关键词，另一个包含有关室内灯具的关键词。

第六步:选择性填写否定关键词,并最终发布广告。

可以使用否定关键词,以便在买家搜索词与否定关键词匹配时,不让广告展示。否定关键词的类型以及示例分别如图 3.114 和图 3.115 所示,设置方法如图 3.116 所示。

否定关键词

匹配类型	字数限制	字符数限制
否定短语	4个字	80个字符
否定精确短语	10个字	80个字符

图 3.114　否定关键词

匹配类型	示例关键词	搜索查询包含以下词时不展示广告	排除如下买家搜索查询	不排除如下买家搜索查询
否定短语	男童鞋	完整的短语或近似变体	男童鞋、男童鞋 10 码	男童鞋靴、男童红色鞋靴、童鞋男童
否定精确短语	男童鞋	精确短语或近似变体	男童鞋、男童的鞋靴	男童鞋 10 码

图 3.115　否定关键词示例

图 3.116　设置否定词

3.5　卖家绩效

卖家绩效(Seller Performance)是亚马逊用来评判卖家服务水平的一套指标值。把顾客摆在第一位,让顾客满意是成为成功卖家最重要的因素。这些指标都是从顾客角度出发,会影响实际消费的转换率和成交金额,也是卖家销售成功与否的关键。

3.5.1 卖家客服绩效

卖家客服绩效包含订单缺陷率和退货不满意率，如图 3.117 所示。

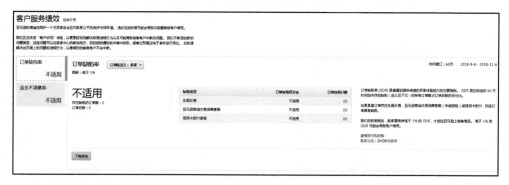

图 3.117　卖家客服绩效

1. 订单缺陷率

订单缺陷率(Order Defect Rate，ODR) 是衡量亚马逊卖家提供良好买家体验能力的主要指标。该指标涵盖在给定的 60 天时间段内存在一种或多种缺陷的所有订单占订单总数的百分比。

如果某笔订单存在负面反馈、亚马逊商城交易保障索赔(未被拒绝)或信用卡拒付，则该订单具有缺陷。亚马逊的政策规定，卖家应维持低于 1% 的订单缺陷率，这样才能在亚马逊上销售商品。高于 1% 的订单缺陷率可能会导致账户停用。

订单缺陷率包括以下三个组成部分。

1) 负面反馈率(Negative feedback)

负面反馈率(以百分比的形式表示)等于相关时间段内收到负面反馈的订单数除以该时间段内的订单总数。此指标与订单相关，这意味着在计算负面反馈率时，亚马逊会考虑下单日期，而不是收到反馈的日期。负面反馈率与买家看到的反馈不同，显示给买家看的反馈率以收到反馈的时间计算，而不是以下订单的时间计算的。

卖家致力于维持低负面反馈率的行为，体现了亚马逊以客户为中心的理念。一星和两星评级被认为是负面反馈。

2) 亚马逊商城交易保障索赔率(A-to-z Guarantee claims)

亚马逊商城交易保障索赔率(以百分比的形式表示)等于相关时间段内收到亚马逊商城交易保障索赔的订单数除以该时间段内的订单总数。

以下类型的索赔会影响订单缺陷率。

(1) 已获得批准的索赔(无论为索赔发放退款的是哪一方)。

(2) 买家提出索赔后卖家提供了订单退款的索赔。

(3) 由卖家或亚马逊取消订单的索赔。

(4) 审查中的索赔。

以下类型的索赔不会影响订单缺陷率。

(1) 被拒绝的索赔(其状态为"已关闭")。

(2) 买家撤回的索赔。

(3) 订单通过亚马逊购买配送服务配送且原因为"未收到商品"的索赔。

卖家积极主动地与买家联系解决订单问题,将避免大多数亚马逊商城交易保障索赔。

3) 信用卡拒付率(Chargeback claims)

信用卡拒付率等于相关时间段内收到信用卡拒付的订单数除以该时间段内的订单总数,以百分数的形式表示。

信用卡拒付与亚马逊商城交易保障索赔相似,只是索赔处理和决策由信用卡发放机构完成,而不是亚马逊。

可能出现的问题包括以下几个方面。

(1) 买家声称自己未收到商品。

(2) 买家退回了商品但未收到退款。

(3) 买家收到了已残损或有缺陷的商品。

当买家就某笔向其信用卡扣款的购买交易提出异议时,亚马逊将此情况称作信用卡拒付请求。亚马逊将信用卡拒付大致分为欺诈拒付和服务拒付两类。

(1) 欺诈信用卡拒付意味着买家声称他们根本未购买商品。这类索赔通常与欺诈性买家使用盗窃的信用卡相关。在计算订单缺陷率时,亚马逊不会考虑欺诈性交易信用卡拒付。

(2) 服务信用卡拒付指买家确认购买了商品,但向信用卡发放机构表明自己遇到了问题。

2. 退货不满意率

退货不满意率 (RDR) 用来衡量买家对退货体验的满意程度。当退货请求具有负面买家反馈(负面反馈率)、48 小时内未得到回复(延迟回复率)或被错误拒绝(无效拒绝率)时,即表示产生了负面的退货体验。退货不满意率是所有负面退货请求数占总退货请求数的百分比。

亚马逊的政策规定,卖家需维持低于 10%的退货不满意率(RDR)。目前,亚马逊不会对未满足此绩效目标的卖家施加处罚,但问题未得到解决的买家更有可能提交负面反馈和提出亚马逊商城交易保障索赔。

3. 回复买家消息

请在 24 小时内(包括周末和节假日)回复买家消息。自动回复不被视为有效回复。

如果消息回复时间影响了整体卖家绩效,以下建议可帮助确保卖家在 24 小时内回复买家消息。

(1) 请确保电子邮件程序的垃圾邮件过滤器不会屏蔽买家消息。

(2) 即使无法立即解决买家的问题,仍需在 24 小时内回复电子邮件,告诉买家正在处理他们的请求。提供一个预计问题能够得到解决的日期。

(3) 如果消息无须回复(例如,"感谢"消息),那么请确保将该消息标记为"无须回复"。

3.5.2 商品政策合规性

亚马逊政策旨在维护一个对买家安全且对卖家公平的良好市场环境。违反这些政策可能会导致内容删除或账号停用。商品政策绩效如图 3.118 所示。

图 3.118 商品政策绩效

1. 知识产权

亚马逊致力于为买家提供全球最广泛的商品选择,打造出色的买家体验。亚马逊不允许发布侵犯品牌或其他权利所有者的知识产权的商品。

这一部分涉及亚马逊品牌备案以及图文版品牌描述内容,将会在 4.5 节详细说明。

2. 商品真伪

在亚马逊上出售的商品必须是正品。严格禁止销售假冒伪劣商品。如果不遵守此政策,可能导致卖家失去销售权限、款项被扣留以及由亚马逊保管的库存被销毁。

每个卖家和供应商都有责任确保其采购、销售和配送的商品均为正品。禁售商品包括非法走私、假冒或盗版商品或内容;非法复制、仿造或制造的商品;侵犯他人知识产权的商品。如果销售或供应假货,亚马逊会立即暂停或终止卖家的亚马逊销售账户(以及任何相关账户),并销毁在亚马逊运营中心存储的所有假货库存,一切损失由卖家自行承担。此外,在确认买家收到他们订购的正品之前,亚马逊不会向卖家付款。如果确定某个亚马逊账户存在销售假货、欺诈或参与其他非法活动的问题,亚马逊将拒绝付款。

3. 商品状况

亚马逊允许以下商品状况在平台正常售卖。

(1) 新品，即全新的商品。全新商品，原制造商保修(如有)仍然适用，且商品备注中包含保修信息。大多数全新商品均采用原包装，但鞋靴等某些商品可能会被重新装箱。

(2) 翻新，已经过亚马逊合格供应商(卖家或供应商)或亚马逊的检验和测试，证实其可正常使用且外观类似新品的二手商品。

(3) 租赁，已经过合格供应商(卖家、供应商或亚马逊)的检验和评估，证实其状况完好，且没有任何可能影响功能的构造缺陷的商品。

(4) 二手，类似新品或已开箱，可正常使用的商品。

(5) 二手，很好，已使用数次但仍然保持完好状况且经过精心护理的商品。

(6) 二手，好，商品有持续使用造成的磨损，但仍然保持完好状况且能正常使用。

(7) 二手，尚可，商品具有一定程度的磨损，但仍可正常使用。

处于以下任何状况的商品均不可在亚马逊发布。

(1) 商品不干净，存在发霉、严重染色或腐蚀的迹象。

(2) 商品因难以使用而被视为已残损商品。

(3) 商品缺少重要随附材料或零件。这并不一定包括说明书。

(4) 商品需要进行维修或保养。

(5) 商品不是由原始制造商或版权持有者生产或创作，包括副本、伪造品、复制品和仿制品。

(6) 商品最初作为促销版本、促销包、商品样品或提前阅读副本分发。这包括在印或尚未出版图书的未校正样稿。

(7) 商品已超过有效期/保质期(包括"最佳使用日期"和"销售截止日期")、剩余保质期不可接受，或是有效期/保质期被移除或篡改。

(8) 商品被禁止在亚马逊上销售。

4. 商品安全

如果销售商品不符合目标市场安全性要求，亚马逊将采取以下措施。

(1) 取消商品信息。

(2) 限制发布权限。

(3) 暂停发布权限。

(4) 取消发布权限。

5. 上架政策

（1）为了保障买家的在线购物体验，亚马逊限制了卖家在给定一周内可创建的 ASIN 数量，直到在亚马逊中建立了销售历史记录为止。随着销量的上升，允许创建的 ASIN 数量也将随之上升。亚马逊鼓励卖家优先发布能够快速提高销量的商品。

（2）此外，如果是已经建立了销售历史记录的卖家，并且创建了大量新 ASIN，亚马逊保留暂时撤销创建新 ASIN 权限的权利。如果卖家已无权创建新 ASIN，则可继续将商品与现有的 ASIN 匹配。亚马逊每月都会重新评估卖家的状态。

（3）禁止创建重复的 ASIN(即为目录中已经存在的商品创建新 ASIN)，否则可能会导致 ASIN 创建或销售权限被暂停或永久撤销。

（4）以下禁止的行为属于变体(又称"父商品-子商品关系")滥用。这些行为将带来消极的买家体验，可能会导致 ASIN 创建或销售权限被暂停或永久撤销。

① 添加并非父商品的真正变体的子商品。这包括向已经创建的 ASIN 添加错误变体。

② 更改父商品的商品详情页面，导致其与子商品不匹配。

③ 向现有的父商品添加并非制造商创建的多件装变体。

④ 通过将两个或多个同一制造商的商品捆绑在一起来添加多件装子商品，例如将两个三件装商品捆绑在一起来创建一个六件装商品。多件装子商品必须由制造商进行包装。如果买家希望购买两个或多个同一商品，则可选择购买数量。

3.5.3 配送绩效

亚马逊配送绩效包含迟发率、预配送取消率、有效追踪率及准时交货率四个维度（见图 3.119）。

图 3.119　卖家配送绩效

1. 迟发率

迟发率 (LSR) 表示为在 10 天或 30 天的时间段内，预计配送时间之后确认发货的所有订单占订单总数的百分比。LSR 仅适用于卖家自配送订单。

在预计配送时间前确认订单发货十分重要，这样买家才能在线查看已发货订单的状态。订单延迟确认发货可能会对买家体验产生负面影响，并导致索赔、负面反馈和/或买家联系次数增加。

亚马逊的政策规定，卖家应维持低于 4% 的 LSR，这样才能在亚马逊上销售商品。高于 4% 的 LSR 可能会导致账户停用。

2. 预配送取消率

预配送取消率(CR)是在给定的 7 天时间段内，卖家取消的所有订单占订单总数的百分比。CR 仅适用于卖家自配送订单。

此指标包括所有由卖家取消的订单，但买家使用其亚马逊账户中的订单取消选项请求取消的订单除外。买家在亚马逊上直接取消的等待中订单不包括在内。

亚马逊的政策规定，卖家应维持低于 2.5% 的 CR，这样才能在亚马逊上销售商品。高于 2.5% 的 CR 可能会导致账户停用。

3. 有效追踪率

有效追踪率(VTR)涵盖具有有效追踪编码的所有货件，其表示为占给定的 30 天时间段内货件总数的百分比。VTR 仅适用于卖家自配送订单。

亚马逊的买家根据追踪编码了解订单配送状态和预计收货时间。有效追踪率是一项可以反映这些期望的绩效指标。目前，包括 USPS、FedEx、UPS 和 DHL 在内的所有主要美国承运人都提供免费追踪服务。

亚马逊的政策规定，卖家必须维持大于 95% 的 VTR。如果商品分类中的 VTR 低于 95%，可能会限制在此分类下销售非亚马逊物流(FBA)商品的权限。这还可能影响卖家参与优先配送和保证配送的资格。

4. 准时交货率

准时交货率(On-Time Delivery)涵盖了在预计交货日期之前买家包裹的订单数量占卖家所有完成的订单中的百分比。该指标基于确认的跟踪信息。由于亚马逊使用追踪信息来计算准时交货，因此还显示了以追踪信息为数据统计的百分比。

本章总结

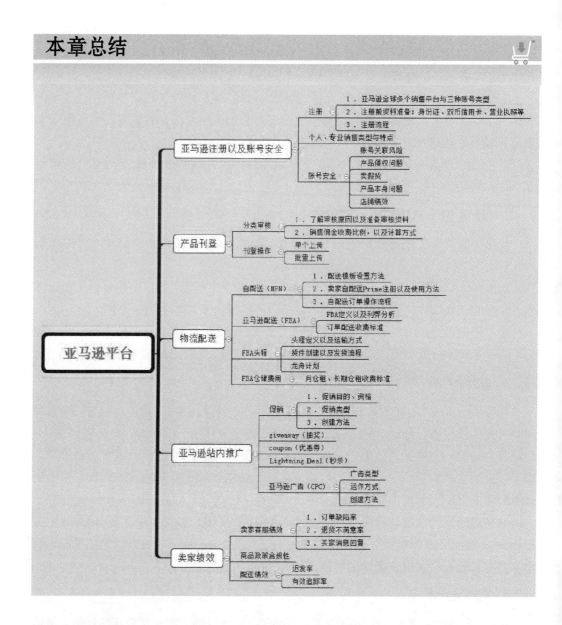

本章作业

一、判断题(正确的填"T",错误的填"F")

1. 自己上一季的商品不卖了,可以把下架商品用过的 UPC/EAN 拿来再上传新品。( )

2. 商品特性(Key Product Features/Bullet Point)应写上商品最突出的卖点、优点、消费者想要了解的信息点等。( )
3. 任何产品都可以使用亚马逊物流进行配送，没有任何要求。( )
4. 关于订单处理相关按钮，Confirm shipment 是确认订单的意思，发货后必须在此处录入发货信息，如物流公司名称、物流服务名称、追踪码等。( )
5. 使用点击付费广告 Sponsored Product Ads，这是一个特别的功能，需要联系招商经理或上线经理才可以开通。( )

二、选择题(可多选)

1. 以下哪种情况不会被计入店铺绩效"订单缺陷率"(Order Defect Rate)指标？( )
   A. 出现亚马逊商城交易保障索赔的订单(Filed A-to-z Claim Rate)
   B. 出现服务信用卡拒付的订单(Service Chargeback Rate)
   C. 出现消费者要求退货(Return Rate)
   D. 出现一星或两星的负面反馈(Negative Feedback Rate)

2. 使用点击付费广告 Sponsored Product Ads，会大幅提高商品曝光率。关于此项功能的使用，以下描述不正确的是( )。
   A. 这是一个特别的功能，需要联系招商经理或上线经理才可以开通
   B. 卖家可以设置每天的最高总费用，控制每天该广告的花费不超过所设置的总费用
   C. 所设置的有效广告，收费原则是：曝光展示不收费，消费者点击到 Detail page 才收费
   D. 如果购买了广告的 SKU 失去购物车，则广告会失效

3. 关于商品品类的销售规则，理解错误的是( )。
   A. 创建商品时，可以把商品放到其他无关的品类下面进行销售
   B. 申请商品品类的上传/销售权限，卖家可于后台页面搜索"Categories and Products Requiring Approval"，并根据系统指引完成申请操作
   C. 某些商品品类(如 Apparel、Shoes、Beauty 等)，是需要事先申请、开通后才可以上传销售的
   D. 部分品类申请时，需提供 90 天内的正规进出货发票等

4. 关于 FBA 的说法，不正确的是( )。
   A. 卖家必须联系 seller support，或招商经理才可以开通 FBA
   B. 使用 FBA 的商品也需要设置运费
   C. 使用 FBA 的商品，发货、退换货相关的咨询客服工作会由亚马逊完成
   D. FBA 不需要另行申请开通，买家可以自行在后台操作使用

5. 使用 FBA 发货对卖家来说会有多种益处。关于使用 FBA 的优点，说法正确的是(   )。
   A. 大大加快到货速度，提升消费者满意度，避免由于货物延迟引发的种种纠纷
   B. 有助于提升销量
   C. 提报秒杀等活动的先决条件之一
   D. 进入到"由 FBA 配送"的前台筛选结果页面中，提升商品曝光率

三、简答题

1. 亚马逊全球销售平台有哪些？不同账号类型的区别是什么？
2. 后台促销类型有哪些？优惠码类型以及区别是什么？
3. 简述 FBA 亚马逊物流的利与弊。
4. 如何维护卖家绩效？

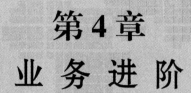

第 4 章
业 务 进 阶

本章任务

业务进阶篇章，学会更多运营技巧，提高业务能力。

本章技能目标

- 掌握选品方法。
- 掌握数据分析形式。
- 掌握站外引流方法以及工具的使用。
- 掌握客户服务技巧。
- 掌握品牌旗舰店的基本内容。

本章简介

继第 2 章、第 3 章学习了后台刊登操作的方法后，本章将进一步学习如何进行上架产品的选择。作为一个卖家，要对产品以及市场有充分的了解，才能掌握更加有技巧的运营能力。同时，掌握数据分析方法，以及学会如何进行产品站外引流是提高转化的重要方法。当然，维护好客户权益更是成功的关键。

> **预习作业**

提前预习，带着以下任务学习本章相关资料。
- 标注出本章看不懂或存在疑惑的部分。
- 整理、记录学习中的问题。

1. 背诵英文单词

请在预习时找出下列单词在教材中的用法，了解它们的含义和发音，并填写于横线处。

(1) Impression_____

(2) Click_____

(3) Spend_____

(4) Branding_____

(5) Sales_____

(6) ACoS_____

2. 预习并回答以下问题

请阅读本章内容，完成以下任务。

(1) 亚马逊平台有两种评价形式：Review(产品评论)和 Feedback(店铺反馈)，两者有什么区别？

(2) eBay Marketing 包含哪几个板块？

4.1 产品开发和市场调研

4.1.1 产品开发

产品开发就是要选取符合市场要求，并且有利于店铺长期发展和满足利润要求的物品的过程。物品的质量是决定买家是否满意的先决条件。在挑选货源时，不仅要选择市场需求大、跨国销售利润大的商品，更要选择质量好、产品价值高的物品来卖。优质的货源是卖家获得较高买家满意度的保证，切不可因为贪图蝇头小利，为降低进货成本而在物品质量上大打折扣，最终影响卖家表现和账户安全，得不偿失。

1. 产品开发误区

(1) 勿以自我为中心。所有产品的选择都需要以数据为依据，切勿以自己个人的喜好或者一些小道消息为依据进行产品的选择。

(2) 人云亦云。跟风是一种很常见的选品现象，不进行市场分析以及数据调查地跟风选品，无形中会降低产品本身的竞争力，从而达不到预期爆款的效果。

(3) 铺张。很多产品在不同的市场参数需要不同，未进行市场调研而贪大求全，反而会影响产品的曝光度。例如，在颜色和尺码等参数上随意添加，未了解目标市场的需求，反而会增加不必要的消耗。

2. 选品思维

选品需要用逆向思维，洞察分析市场，从而打造精品路线。

(1) 关注产品大类目排名，根据这条类目不断地挖掘其细分类目下的新品产品，以及各小类中排名好、上架时间短、销量上升快的产品。

(2) 结合自身所运营的品类，深入挖掘该项品类中竞争相对较小、热度高、上升潜力较大的产品。

(3) 着重分析自身店铺运作的产品竞品，从而进行产品更新。对选中的产品在平台相关数据的表现做数据统计对比，主要包括产品的上架时间、Reviews 数量、未来销量估计、价格、每天排名变化情况等，优中择优，分析出有一定购买量且竞争热度小的优品。

(4) 目标明确。平台产品众多，不论是红海还是蓝海，关键在于是否有盈利的空间。

4.1.2 市场调研与分析

选品的入手点即为市场分析，以市场为导向进行调研。如果要在日本站进行销售，首先就需要了解目标市场需要什么。从销售地区人民的需求出发，才能抓住市场机遇。

1. 评估市场容量

评估市场容量是一个很复杂的事情，需要从多个维度去思考，例如某个国家的消费习性、产业结构、人口基数、目前行业竞争等。对于不同目标市场容量、类目竞争力的分析，可以从以下几方面入手。

1) Best Seller(销售榜)

Best Seller 是亚马逊按小时进行更新的数据，根据产品的销量等综合因素进行的卖家排名。通过入口(美国亚马逊参考链接 https://www.amazon.com/gp/bestsellers)，可以查看热卖产品品类以及竞争力度(见图 4.1)。

图 4.1 Best Seller 统计页面

2) Movers & Shakers(飙升榜)

Movers & Shakers 是亚马逊推出的一项榜单，在这个榜单上包含了亚马逊各个类目中过去 24 小时内排名变动最大的 100 款产品。榜单上绿色的箭头代表产品的人气正在上升，同时，箭头的旁边会显示产品人气的上升指数。在箭头的下方，卖家可以看到该产品在 BSR 中的排名。和 Best Seller 不同的是，这项榜单上的数据是实时更新的，而且榜单上产品的排名不会像 BSR 排名一样受到销量的影响。此榜单的排名变化主要是根据产品在销售排行榜中排名的上升情况决定的。通过这个榜单，卖家可以了解到产品在这个时间段内，是否有成为爆款或热卖单品的可能性。美国亚马逊飙升榜参考链接 https://www.amazon.com/gp/movers-and-shakers，如图 4.2 所示。

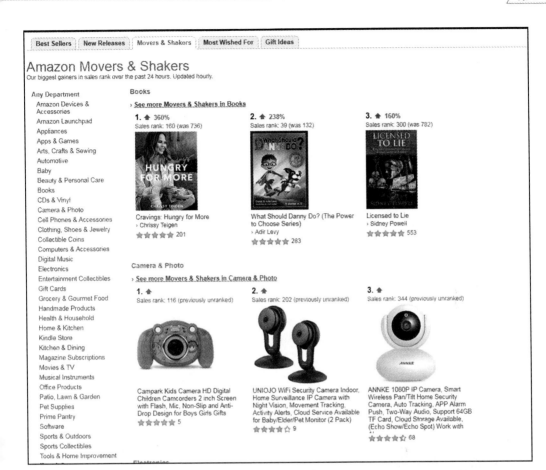

图 4.2　Movers & Shakers 统计页面

3) Hot New Releases(新品榜)

热门新品，按小时更新，卖家可以查看平台最新、最热卖的产品，同时也是对热卖产品以及产品趋势的一种判断方式。

美国亚马逊新品榜链接 https://www.amazon.com/gp/new-releases，如图 4.3 所示。

4) 关键词搜索

在亚马逊前台搜索栏中直接输入产品关键词(见图 4.4)，即可搜索到该产品的总数量。数量越大，表示市场容量越大，此产品的市场竞争也越激烈。

图 4.3　Hot New Releases 统计页面

图 4.4　亚马逊前台搜索栏

2. 产品调研

在对市场容量有了初步判断后，卖家需要针对产品进行全面的调研，从价格、ASIN、上架时间、排名、评论、图片、标题、描述、库存等信息入手。

1) 价格

价格是直接关系到成本以及利润的因素。价格过高无法促成转化，价格过低则又影响店铺利润，所以，前期对产品价格的调研就显得尤为重要。卖家需要关注与分析获得购物车的产品价格，并进行深入研究，从而判断是否可以迎合市场的需求（见图 4.5）。

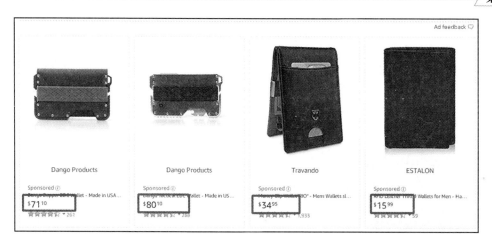

图 4.5 价格调研

2) 排名(Seller Rank)(见图 4.6)

产品排名是判断产品是否畅销的重要因素。排名越靠前，说明此产品的竞争力越强。同时查看该产品的上架时间，如果可以在短期内做到一级类目前十万，利润空间是很可观的。

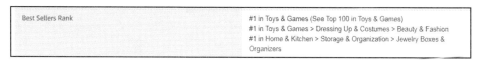

图 4.6 产品排名

3) 评论

亚马逊一直是客户至上的平台，产品的评论是影响销量的主要因素。卖家可以通过产品评论的内容，分析产品质量、痛点等，从而可以进行产品的更新迭代(见图 4.7)。

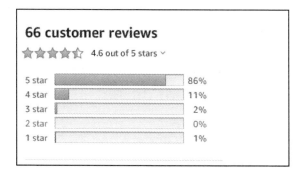

图 4.7 产品评论

4) 产品详情页面

亚马逊前台的产品页面，无论是图片、标题、描述(见图 4.8)，还是 Q&A (见图 4.9)，都需要进行细致的分析，才可以从众多产品中脱颖而出，从而打造出自己的产品页面。

图 4.8　产品详情页面

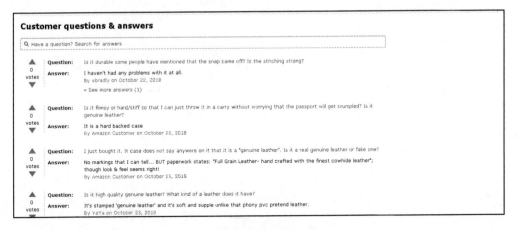

图 4.9　前台问答

5) 库存

跟进产品的库存变化，是预测产品销量最有效的方法。亚马逊尊重卖家隐私，在前台页面不会展示产品的销量以及库存等信息。卖家可以通过将产品添加到购物车、更改购买数量的方式评估产品的库存(见图 4.10)。

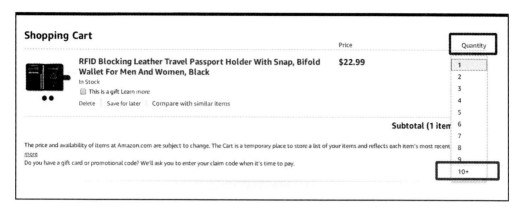

图 4.10　购物车添加数量

4.2　亚马逊数据报告

亚马逊后台提供了业务报告和多种广告报告给卖家，方便卖家以数据为基础分析后台产品流量、转化、销量以及推广等情况。

4.2.1　业务报告

1. Dashboard 图表

Dashboard 图表主要用来比较销售情况，一般每小时更新一次，可以选择用日期或配送方式进行筛选。Dashboard 图表跟进时间段不同，可以比较今天、昨天、上周同一天或者去年同一天的销量，并且可以找到某个时间点的订单数量和销售金额来对销售情况进行分析(见图 4.11)。

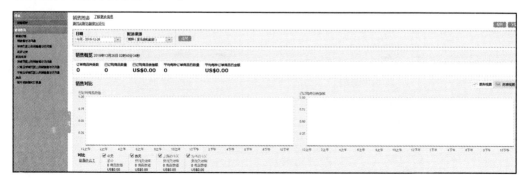

图 4.11　业务报告销售图表

2. Business Reports 业务报表

1) By Date(根据日期)

(1) Sales and Traffic(销售量与访问量)(见图 4.12)。

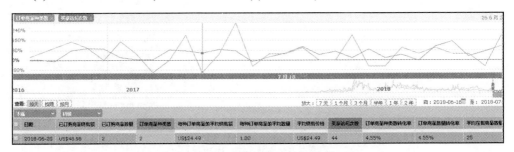

图 4.12　销售量与访问量报告

(2) Detail Page Sales and Traffic(详情页面上的销售量与访问量)(见图 4.13)。

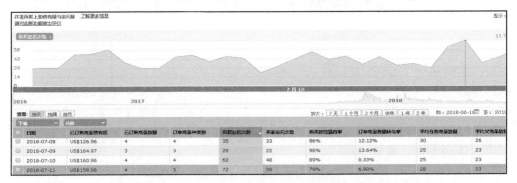

图 4.13　详情页上的销售量与访问量报告

(3) Seller Performance(卖家业绩)(见图 4.14)。

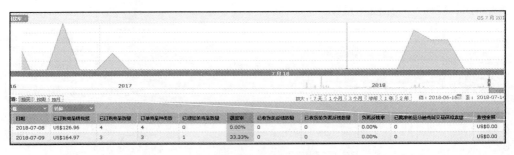

图 4.14　卖家绩效报告

2) By Asin(根据商品)

(1) Detail Page Sales and Traffic (详情页面上的销售量与访问量)(见图 4.15)。

图 4.15 ASIN 销量报告

(2) Detail Page Sales and Traffic by Parent Item(父商品详情页面上的销售量与访问量)。

(3) Detail Page Sales and Traffic by Child Item(子商品详情页面上的销售量与访问量)。

3) 其他

Sales and Orders by Month(每月销售量和订单量)(见图 4.16)。

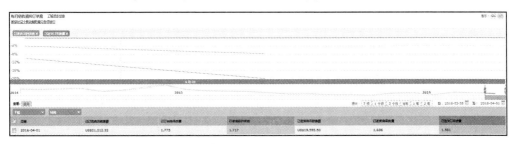

图 4.16 月销量与订单量报告

4) 业务报告词汇

(1) 买家访问次数：是指买家访问商品详情页面的次数。即使买家在一次访问中多次浏览了不同页面(24 小时内)，买家访问次数仍被视为一次。

(2) 页面浏览次数：指定时间段内商品详情页面的点击量。

4.2.2 广告报告

投放亚马逊 CPC 广告有自动广告和手动广告两种选择，无论是自动还是手动，卖家都可以在后台下载投放的报告(见图 4.17)。

1. 广告指标

(1) 曝光量(impression)：广告组获得的展现次数。

(2) 点击量(click)：广告组内广告获得的点击次数。

(3) 支出(spend)：花费在广告组点击量上的费用。

(4) 销售额(sales)：广告组内的广告点击量生成的商品总销售额。

(5) 广告成本销售比(ACoS)：指广告支出在广告带来的销售额中所占的百分比。

(6) 广告支出回报率(RoAS)：将销售所得的美元金额除以广告支出的美元金额(销售额/广告支出)。它是 ACoS 的反向概念，因此 RoAS = 1/ACoS。与 ACoS 不同的是，RoAS 表示为数字，该数字解释为索引(倍数)而不是%。RoAS=销售总额÷费用总额。目前 RoAS 只能通过可下载的报告获得。

图 4.17　广告报告

2. 按时间查看业绩报告

该报告中概括地介绍了卖家在指定期限内所点击的内容及花费情况。

1) 总计报告

进行排序和/或筛选，以识别效果出众和效果不佳的投放策略(例如自动投放默认值、关键词和商品)，或按广告活动进行筛选，以查看广告活动中的所有投放策略。如果投放策略效果不佳，可以考虑调整竞价。

2) 每日报告

确定效果会随着时间提升或下降的策略，以便更好地了解效果并优化广告活动(见图 4.18)。例如，如果关键词推动了更多的销售量，请考虑提高竞价和添加其他类似的关键词。

日期	点击量	每次点击成本(C	花费
Dec 11, 2018	3	¥ 12.79	¥ 38.37
Dec 12, 2018	2	¥ 13.43	¥ 26.86
Dec 13, 2018	3	¥ 13.00	¥ 39.00
Dec 14, 2018	3	¥ 14.67	¥ 44.00
Dec 15, 2018	4	¥ 14.00	¥ 56.00
Dec 16, 2018	8	¥ 12.50	¥ 100.00
Dec 17, 2018	2	¥ 17.00	¥ 34.00
Dec 18, 2018	3	¥ 17.67	¥ 53.00
Dec 19, 2018	9	¥ 16.33	¥ 147.00
Dec 20, 2018	4	¥ 13.75	¥ 55.00
Dec 21, 2018	11	¥ 14.45	¥ 159.00
Dec 22, 2018	9	¥ 16.67	¥ 150.00
Dec 23, 2018	15	¥ 13.60	¥ 204.00
Dec 24, 2018	1	¥ 15.00	¥ 15.00

图 4.18　按时间查看业绩报告

3. 保荐产品投放报告

保荐产品投放报告即商品推广关键词报告。使用投放报告可查看关键词、商品和类别的搜索频率，并了解搜索量如何随时间变化。然后，缩小投放列表的范围，并为卖家真正想要的投放设置预算(见图4.19)。

图 4.19　投放报告

投放报告(正式称为关键词报告)显示所有投放类型，包括自动投放默认设置(高度匹配、松散匹配、补充、替换)、关键词投放和商品投放。投放报告提供过去 90 天的自定义日期范围。

注意：如果在多个广告活动中有相同的关键词或商品，它将多次显示，针对每个广告组和广告活动组合分别显示一次。

分析方法：不同的广告报告类型，需要分析的重点内容不同。可以参照图 4.20 所示的数据透视表的形式对报告数据进行重点分析。

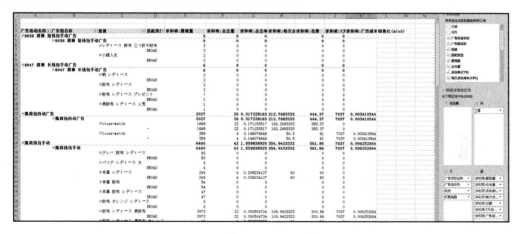

图 4.20　数据透视表

4. 已推广的商品报告

已推广的商品报告提供了在选定的时间段内至少有一次展示的产品的活动信息。已推广的商品报告可提供过去 90 天内的自定义日期范围报告。

此报告提供了每个广告产品的效果摘要。卖家可以使用此报告来比较广告效果，并确认领域以进行优化。例如，某些产品并没有产生想要的展示量和点击量，这可能表明广告组没有足够的关键词，或竞价没有竞争力，可考虑添加更多的关键词到广告组中。如果广告组包含了热门的关键词，可能需要提高竞价，使之在广告竞价中更具竞争力。

已推广的商品报告可以以"总计"和"每日"两种形式下载查看。选择"总计"即会在单行上显示整个时间段的效果。如果产品表现不佳，请考虑将其移至新的或现有的广告组，使用针对性更强的关键词集合。

选择"每日"即会单独在一行上显示每日效果。观察特定产品的广告效果趋势，以便可以监控和调整策略。例如，此报告可以用来监控广告活动更改后的广告效果，或确认购物者对特定产品的兴趣变化。

5. 已购买商品报告

使用已购买商品报告可寻找新的广告机会，并深入了解买家在购买什么商品。例如，如果使用关键词"iPhone case"，且客户也点击了黑色 iPhone 手机套广告，但购买了蓝色 iPhone 手机套，那么可以将蓝色 iPhone 手机套添加到广告活动中。

已购买商品报告提供了客户在点击广告之后实际购买 ASIN 的相关详细信息。已购买商品报告可提供过去 60 天的自定义日期范围报告。

了解哪些产品是购买者在点击广告之后购买的，将有助于分析广告活动效果，并进行调整来实现业务目标。确认哪些产品卖出后，即可查看广告和关键词以了解促成此次销售的因素。

注意：广告 ASIN 是显示在广告中的产品。如果客户在点击广告之后购买广告 ASIN 之外的其他产品，即会将其报告为已购 ASIN。

6. 搜索词报告

搜索词报告即商品推广自动投放报告。

搜索词报告包含至少产生一次广告点击的搜索词，包含购物者过去 60 天在 Amazon 上搜索时所输入的实际搜索词。搜索词只会在有广告点击时才显示，因此报告中的展示量可能与显示展示总量的其他报告不匹配。另外，它还包含手动和自动投放的广告活动的展示量、点击量及销售数据。

注意：搜索词报告只有在卖家的广告活动至少已投放一天的情况下才会提供。在搜索词报告的客户搜索词列中，可能会注意到"B00IPJVVZ4"之类的字母数字条目。这些字母数字条目是广告所出现的产品详情页面对应的 ASIN。

7. 广告优化

1）增加广告活动效果

（1）确认高效的购物者搜索词。将这些高效的搜索词作为关键词添加到手动投放的广告组，并考虑调整竞价来增加展示量。

（2）监控效果，并做出更多调整来实现业务目标。

2) 提高广告销售成本（ACoS）
(1) 确认低效的客户搜索词。将这些低效的客户搜索词作为否定关键词添加。
(2) 监控效果，并调整广告组或关键词竞价来实现业务目标。

4.3 站外引流和客户服务

4.3.1 站外引流

除了亚马逊平台内提供的推广方法，作为卖家，为了吸引更多的客户，让产品得到更多的曝光，可以尝试使用站外引流的方式让亚马逊平台上售卖的产品得到更多的流量。在站内数据优化后，同时进行站外引流，可以让产品有更多的曝光，增加动销的机会。具体的推广方式(见图 4.21)主要有以下几种。

图 4.21 站外推广

1. 自建独立站点

自建站的功能主要有以下几方面。
(1) 可以提高自身品牌可信度。
(2) 可以收集买家信息，通过信息进行受众分析，从而有针对性地进行相关广告投放。
(3) 自建独立站无规则限制，可直接引流至亚马逊平台。

2. 自建社交渠道

比较常用的营销引流社交平台有 Facebook、Twitter、Pinterest、instagram、Quora(问答型网站,类似于知乎)等,卖家可以自己注册相关的账号,发布自己品牌的产品信息。

自建社交媒体需要长时间的活动吸粉、粉丝互动来保持其渠道的活跃度,通过和粉丝的亲密互动以及有趣的问答都能增加粉丝的黏度,从而带来粉丝经济。当粉丝数量达到一定量的时候,可以在各个社交渠道上发布折扣,引流到 Amazon 账号,从而提高订单转化。

3. 本土 deals 网站

在美国、欧洲等几个国家都有很多很好的 deals 和 coupon 网站,如美国的 slickdeals、英国的 hotukdeals、德国的 mydealz。这类网站的特点是流量大、转化精准,使用恰当能迅速地提高销量,使产品销售排名上升。

针对清仓的产品,可以选择找红人帮发帖,或者是直接与官方谈合作。其主要的目的就是想办法让发布的帖子上到首页,成为受欢迎的帖子。

slickdeals 网站页面(见图 4.22):

图 4.22 slickdeals 网站

slickdeals.net 是目前美国最大、最具影响力的折扣信息分享交流平台,是一家在线交易网站,主要依靠社区的成员分享信息获得交易。slickdeals 专长于报道电子消费品价格异动,经常对一些产品的价格进行预测评估,通过网站可以淘一些特价和便宜货。slickdeals.net 在 2011 年 4 月成为公认最流行的交易网站。

在 deals 网站上发布信息的注意事项如下。

(1) 折扣价最好是平台最低,真实的折扣才最吸引人。

(2) 升高价格再打折的行为，一般会被社群的人发现，打折前价格可以适当提高，但不能虚高，不诚实的帖子很容易被删。

(3) 可以用直降的方式做促销。

(4) 做 deals 站促销，建议选有一定 review 的产品，平均评分最好在 4.3 以上，另外，对 feedback 数量也会有要求，1000 个以上最好。

4. 网红视频(YouTube)

通常 YouTube 会做产品的评测、拆包、产品推荐，然后在视频的下面放上产品的链接和优惠码。

5. Facebook、Google、Yahoo 等搜索引擎广告

广告的投放是针对单一产品的，主要在于关键词的选取，类似于 Amazon 的站内 PPC 广告。Amazon 的产品一般在 Facebook(见图 4.23)投放的多，Google 和 Yahoo 更多的是做独立站。

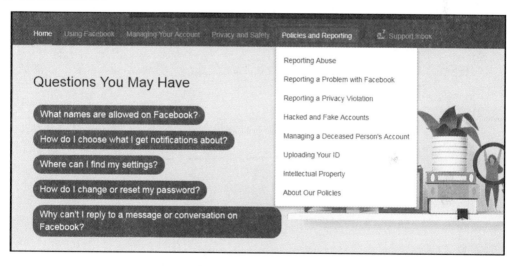

图 4.23　Facebook 广告

4.3.2　客户服务

亚马逊一直以来客户至上的理念，是吸引全球超 3 亿客户的重要因素之一。客户是一个平台发展的根本，只有更多的客户，更多的忠实客户，才能够维持一个平台的持续发展。在整个交易过程中，亚马逊都是尽可能地简化交易流程，提升顾客体验，只要客户对产品和服务有任何不满意，亚马逊均接受无条件退款。

亚马逊重视买家客户，因为买家客户为亚马逊带来了订单，创造了利润。但作为

卖家也不要忘记自己的另一个身份。卖家的第一身份其实是亚马逊平台的客户，因为卖家们在平台上销售，为平台提供了丰富的产品选择，从而增加了顾客黏性，所以，亚马逊也是非常重视卖家的诉求和利益表达的。

1. 客户服务的重要性

(1) 给客户留下好的购物体验，避免后续的争议问题。
(2) 增加好评，提高店铺绩效。
(3) 促成二次购买，且带动亲戚朋友来购买。

2. 客户服务的技巧

(1) 邮件回复技巧：抓住客户的询问要点，产品情况具体分析，把控时间及时回复邮件，切勿用语言缩写形式。
(2) 抓住客户的询问要点：明确客户想知道什么，根据买家的询问，全面、细致、准确地进行回复。

3. 客户服务三部曲

1) 售前服务

明确产品细节问题、退货政策与流程、店铺来源、交期情况、产品是否可以定制等细节。

2) 售中服务

确认整体订单内容；通知客户已发货；及时跟踪订单派送状况，防止客户信息有误。

3) 售后服务

跟进客户的退货请求；注意买家留评情况。

4. 中差评处理

亚马逊平台有两种评价形式：Review(产品评论)和 Feedback(店铺反馈)，两者的区别如表4.1所示。

表4.1 评价区别

区 别	Review	Feedback
定义	Review 只针对产品本身，与服务水平和发货时效等方面无关	客户针对购买的订单作出的评价，其评价内容包含产品品质、服务水平、发货时效和物品与描述的一致性等方面
购买情况	不论买家是否购买过该商品，都可以留下相关的评论，区别在于购买过该商品的买家会有 Verified Purchase 标记	Feedback 的评论只会发生在有真实购买记录的情况下

区别	Review	Feedback
影响	Review 的好坏，并不会直接反映到卖家店铺中，但可以直接影响该条 Listing 的曝光和排名	对卖家的影响更多地体现在卖家账号层面，Feedback 的好坏会直接影响 ODR 指标的变化
前台展示位置		
违反政策的评价	(1)语言：包括污秽语言。 (2)内容：与商品完全不符，不属于该产品	(1)语言：反馈包括污秽语言。 (2)个人信息：反馈包含卖家的个人信息，如电子邮箱地址、全称、电话号码等。 (3)商品反馈：整个反馈是对商品的评论。 (4)亚马逊物流(FBA)反馈——全部反馈是关于由亚马逊所配送订单的配送情况或客服情况
移除差评	(1)直接联系买家。 (2)单击评论后方 Was this review helpful to you？选择 NO。 (3)评论下方单击 report abuse 按钮，陈述理由，举报该评论。 (4)通过以下路径开 case 申请： 卖家后台→获得支持→联系我们→我要开店→商品和库存→产品评论。 (5)comment 以卖家身份评论	(1)联系买家删除。 (2)联系亚马逊移除

5. 早期评论者计划

早期评论者计划是一个鼓励已购买某款商品的买家通过评论来分享其真实体验的计划。该计划旨在帮助品牌所有者获得早期评论，这有助于买家作出更明智的购买决定，并且可以增加页面浏览量，最终实现销售额的提升(见图 4.24)。

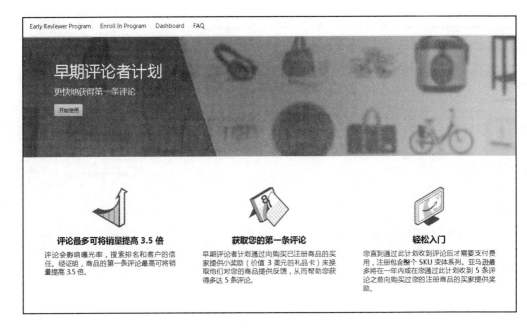

图 4.24 早期评论者计划

1) 此计划的评论者是如何选定的？

亚马逊希望获得真实的评论，因此会从尽可能多的买家中进行选择，而不是只选择几个。亚马逊会从购买参与此计划的商品的所有买家中随机选择一些买家，前提是他们没有毁谤或提供虚假评论的历史记录且符合亚马逊的资格条件。注意，并非购买计划商品的所有买家都可在提供评论后获得奖励。亚马逊希望此计划能够产生足够多的评论，以帮助买家作出更明智的购买决定；它并非是鼓励买家购买商品的奖励计划。亚马逊员工、参与此计划的卖家及其亲朋好友都没有资格参与此计划。

2) 使用条件

(1) 评论少于五条的 SKU 可能符合此计划的注册条件。

(2) 此计划仅适用于亚马逊美国商城（www.amazon.com）。

(3) 早期评论者注册面向的是父 SKU 级别的独立 SKU 或 SKU 系列，这意味着注册后对该 SKU 系列进行的任何更改都不会考虑在内。

4.4 亚马逊品牌备案

4.4.1 品牌注册

亚马逊品牌注册可帮助卖家保护注册商标，并为买家打造准确且值得信赖的购物体验。目前,品牌必须有注册商标才有资格注册此计划。注册网址为 https://brandservices.amazon.com/。

如果卖家本身是自己商品的品牌所有者或制造商,且可使用型号或款式编号等其他属性唯一地标识每种商品,则可能有资格在亚马逊品牌注册中注册品牌,注册之后即可使用备用商品编码(见图 4.25)。

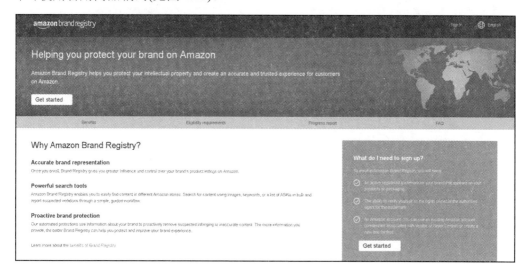

图 4.25 品牌备案

品牌注册具有以下优势。

1. 准确的品牌表现

一旦注册,品牌注册处会为卖家提供更大的关于品牌的控制权限。

2. 强大的搜索工具

亚马逊品牌注册表使卖家可以轻松地在不同的亚马逊商店中找到内容。使用大量图像、关键字或 ASIN 列表搜索内容,并通过简单的指导工作报告可疑的违规行为。

3. 积极主动的品牌保护

亚马逊自动保护使用卖家的品牌信息,主动删除涉嫌侵权或不准确的内容。卖家提供的信息越多,越好的品牌注册可以帮助卖家保护和改善品牌体验。

4.4.2 图文版品牌描述

利用图文版品牌描述 (EBC) 功能(通常称为"A+"工具)(见图 4.26),品牌所有者可以更改品牌 ASIN 的商品描述。借助此工具,卖家可以使用不同的方法来描述商品特征，如添加独特的品牌故事、增强版图片和文本介绍。将图文版品牌描述添加到商品详情页面并加以有效利用，可以提高商品的转化率、浏览量和销量。

图 4.26　EBC

资格要求：

此功能仅适用于已通过亚马逊品牌注册流程获批成为品牌所有者的卖家。获得批准后，卖家可以且只能为自己的获批品牌目录中的商品添加图文版品牌描述。

创建方法：

(1) 从 Advertising 菜单中选择 Enhanced Brand Content(图文版品牌描述)。

(2) 要添加描述，请输入代表自己要使用的 ASIN 的 SKU(区分大小写)，然后按照屏幕上的提示选择所需模板(见图 4.27)。可以使用五个预先构建的模板之一来创建 EBC，也可以选择自定义模板，然后使用单个模块来创建自己想要的风格。

(3) 填充各个文本框和图片框。

卖家必须在上传图片时提交图片关键词，也称为"alt-text"。图片关键词应包含一个描述图片的简单句子(比如"橱柜上的搅拌机，位于水果、酸奶、橙汁和冰沙杯旁边")。图片关键词不会显示在商品详情页面上，但会显示在有视觉障碍的买家使用的屏幕阅读器应用程序上，以便他们详细了解商品。它们还有助于商品出现在搜索结果中。

模板	图片上传指南	文本位置	模板1	模板2	模板3	模板4	模板5
品牌徽标	1 张图片 - 600 x 180 像素	-	1	1	1	1	1
商品描述	-	1	1	1	1	1	1
特性 1	4 张图片（直线）- 每张图片的尺寸为 220 x 220 像素	4	1	-	-	-	-
特性 2	3 张图片（直线）- 每张图片的尺寸为 300 x 300 像素	立方米	1	-	-	-	-
特性 3	4 张图片（网格）- 每张图片的尺寸为 135 x 135 像素	4	-	-	-	-	-
标题 4	1 张图片（左侧）- 300 x 300 像素	1 张图片（右侧）	1	2	2	1	1
标题 5	1 张图片（右侧）- 300 x 300 像素	1 张图片（左侧）	1	2	2	1	1
标题 6	1 张图片 - 970 x 300 像素	-	2	1	1	2	2
标题图片	1 张图片 - 970 x 600 像素	-	-	-	-	-	-
对比图	5 张图片 - 150 x 300 像素	2	-	-	-	-	-
单张图片和侧边栏	2 张图片 - 主（300 x 400 像素）；侧边栏（350 x 175 像素）	6	-	-	-	-	-
四张图片突出显示	4 张图片 - 300 x 300 像素	4	-	-	-	-	-
单张图片和规格详情	1 张图片 - 300 x 300 像素	2	-	-	-	-	-
单张图片和亮点	1 张图片 - 300 x 300 像素	2	-	-	-	-	-
图片和浅色文本覆盖	1 张图片 - 970 x 300 像素	1	-	-	-	-	-

图 4.27　EBC 模板

(4) 保存所做的更改，或者单击"提交"按钮来发送描述以供验证和审批。

注意：审核最多可能需要 7 天才能完成，如果是高峰期，可能需要更长时间，且审核状态会显示在 EBC 首页。如果 EBC 状态为 Not Approved(未获得批准)，请单击特定 SKU 对应的 Edit(编辑)，以查看拒绝原因并进行更改。EBC 的状态变为 Published(已发布)后，最多可能需要 24 小时才会显示在详情页面上。

4.4.3　品牌旗舰店

1. 运作方式

亚马逊品牌旗舰店是一个针对品牌商品打造的免费自助服务。借助品牌旗舰店，卖家能够以自己的品牌、品牌商品和价值主张为中心，为买家打造更出色的亚马逊购物体验。

亚马逊品牌旗舰店可以从亚马逊的自然位置获得流量,例如商品详情页面上的品牌名称链接。它还可以作为任何亚马逊或非亚马逊活动的登录页面,帮助提升品牌知名度,增加品牌的交叉销售机会(见图4.28)。

图4.28　品牌旗舰店

2. 展示形式

亚马逊品牌旗舰店由一个或多个页面组成。每个页面都包含多个内容模块。每个亚马逊品牌旗舰店可以有三个层级,且每个层级都具有丰富的页面模板(见图4.29)。

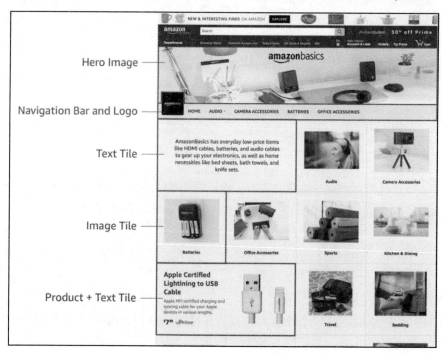

图4.29　展示形式(一)

其他展示形式如图 4.30 所示。

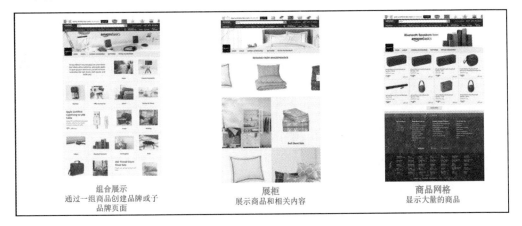

图 4.30　展示形式(二)

3. 设置方法

可三步快速创建亚马逊品牌旗舰店，如图 4.31 所示。

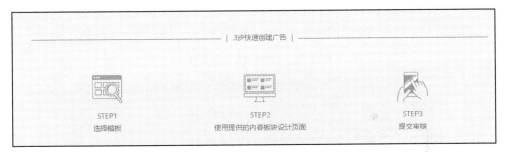

图 4.31　设置方法

亚马逊品牌旗舰店操作界面有四个部分(见图 4.32)。

(1) 页面管理器用于亚马逊品牌旗舰店页面的创建、选择、移动和删除。

(2) 预览窗口提供当前页面的实时视图。它也可以用于在模块管理器中选择需要编辑的模块。

(3) 模块管理器用于亚马逊品牌旗舰店页面模块的添加、编辑、移动和删除。

(4) 状态栏提供亚马逊品牌旗舰店的当前审核状态，并显示有关的错误消息。

页面管理器介绍如下。

(1) 进入亚马逊后台，用鼠标单击 Store(店铺)进入品牌旗舰店设置页面，如图 4.33 所示。

① 品牌旗舰店设置：打开品牌旗舰店设置面板，卖家可以在其中更改品牌旗舰店的商标或颜色。

② 添加页面：创建新页面。

③ 页面导航器：显示亚马逊品牌旗舰店中页面的层次结构。单击页面将其打开并进行编辑。

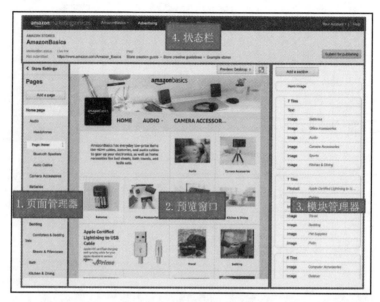

图 4.32　品牌旗舰店设置内容

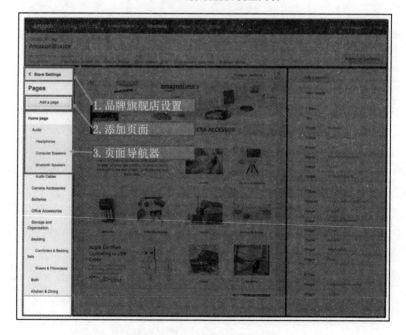

图 4.33　品牌旗舰店设置方法

(2) 页面添加操作，如图 4.34 所示。
① 用鼠标单击页面管理中的 Add a page (添加页面)按钮。
② 输入页面名称以及页面描述。
③ 选择新模板填写内容。
④ 无须修改即可提交，进入预览页面。

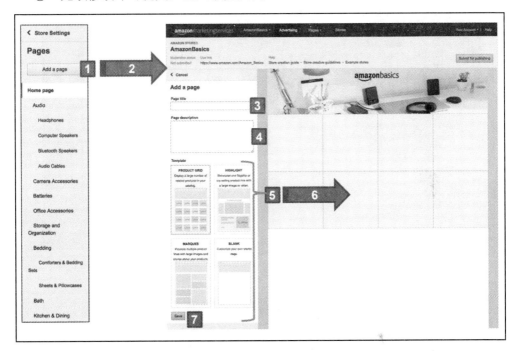

图 4.34　添加页面

(3) 预览，如图 4.35 所示。
① 预览类型：在桌面预览和移动预览之间切换。
② 全屏预览：以全屏模式打开所选页面。
③ 内容模块选择：单击某个模块即会将其选中，以便在模块管理器中进行编辑。

(4) 模块管理器允许品牌旗舰店创建者对当前页面进行添加、编辑、移动和删除(见图 4.36)。
① 内容模块列表：当前页面上所有内容模块的列表。单击模块将打开并进行编辑。
② 添加分区：可以添加填充模块的新分区。
③ 分区设置：可以删除或替换分区。

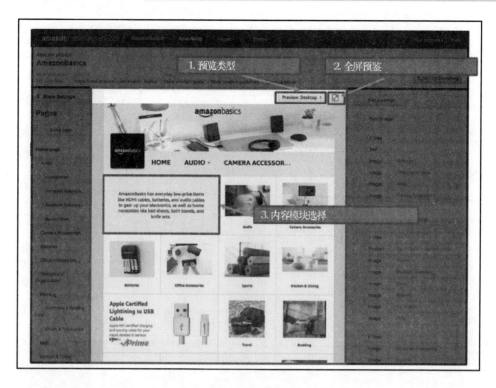

图 4.35 预览

图 4.36 品牌旗舰店设置

(5) 审核，状态栏提供有关现有亚马逊品牌旗舰店和当前草稿的反馈(见图 4.37)。

① 审核状态(见图 4.38)：显示亚马逊品牌旗舰店的当前审核状态。

② 草稿状态：显示上次草稿保存到服务器的时间。

③ 提交以供发布：提交当前的亚马逊品牌旗舰店草稿以供发布。在发布之前，亚马逊将对草稿进行审核。

当发布店铺时，亚马逊会对店铺进行审核，以确保它符合亚马逊针对买家购物体验设定的高标准。

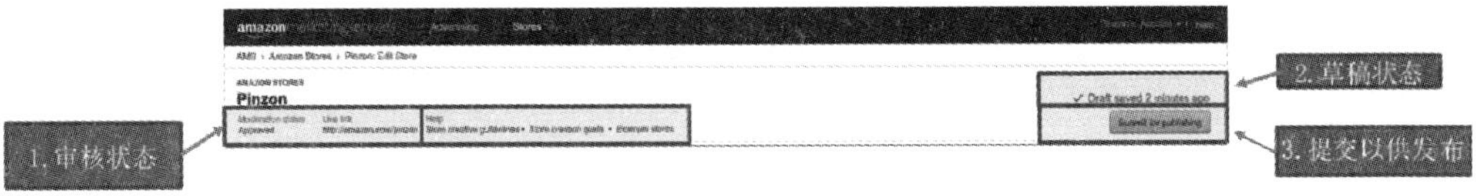

图 4.37 品牌旗舰店审核

审核状态	定义
未提交	亚马逊品牌旗舰店的当前草稿未提交或没有可用的亚马逊品牌旗舰店。
处理中	当前草稿正在接受审核。
已批准	先前的草稿已获得批准并在 Amazon.cn 上发布。
失败	先前的草稿审核失败。将向您发送一封电子邮件，解释失败的原因。

图 4.38 审核状态

店铺审核需要 72 小时，因此在重要的销售、促销或节假日活动来临之前，需要留出充足的时间来提前计划和发布店铺。如果在审核过程中拒绝了店铺页面，亚马逊将通过电子邮件告诉卖家需要更改才能获得批准的页面元素。

4.4.4 Amazon Business

Amazon Business 是亚马逊面向企业和机构买家的一站式商业采购站点，专注为企业采购提供解决方案。现已覆盖全球七大站点(美国、英国、德国、法国、意大利、西班牙、日本)，超 100 万企业及机构买家、丰富且免费的卖家工具，助力优质中国卖家"做全世界的供应商"！

1. 入驻 Amazon Business 的要求

(1) 低发货前取消率(低于 1%)。

(2) 低延迟发货率(低于 2%)。

(3) 低订单缺陷率，如交易保障索赔、退货和/或拒付情况较少(低于 0.5%)。

(4) 每个企业订单包裹必须具有一个跟踪号。

(5) 每个企业订单包裹必须具有一个装箱单。

(6) 每个企业订单包裹必须具有一个订货单编号。

2. 注册方法

(1) 单击链接：https://sellercentral.amazon.com/hz/b2bregistration。

(2) 打开链接，会跳出如图 4.39 所示的登录页面。登录账号，查看是否达到要求。

图 4.39　登录页面

(3) 如果达到要求，就会进入如图 4.40 所示的账号注册页面。

图 4.40　账号注册页面

(4) 勾选同意条款的小正方形，然后单击黄色框 Enroll Your Account。

(5) 成功之后，卖家将会收到如图 4.41 所示的注册成功页面。

图 4.41 注册成功页面

(6) 添加认证证书。

① 鼠标指针移动到后台 Settings(设置)处,单击 Your Info & Policies(您的信息和政策),如图 4.42 所示。

② 进入之后选择 Credentials and Certifications(凭证和证书)。

③ 选择证书或认证类别,提交。

3. 注意事项

(1) B2B Listing 产品:可以重新上传,也可以直接在现有的 Listing 上添加一个 Business Price。

(2) 设置 Business Price:亚马逊模板上传价格,所以首先要下载模板(Business Price/Quantity File),再按模板添加信息。

4. 费用

亚马逊企业销售的仓储费、订单配送费等都与正常亚马逊订单收费标准一致。销售佣金有以下差异,如图 4.43 所示。

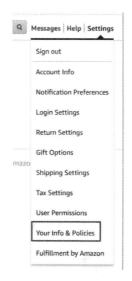

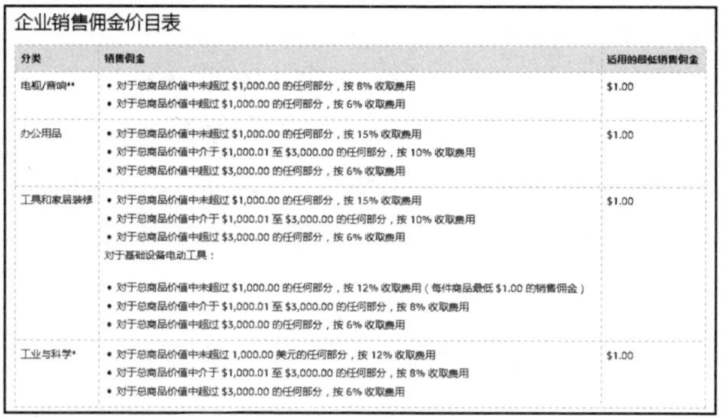

图 4.42 添加认证证书

图 4.43 企业销售佣金

4.5 eBay Marketing 店铺开设及促销管理工具

eBay Marketing 部门分为 Branding(品牌推广)、Merchandising(产品促销)、Advertising(促销广告)三大板块，集中负责店铺的装修和活动设置。Branding(品牌推广)页面下的 Store(店铺)部分可登记使用 eBay 店铺和店铺装修。Merchandising(产品促销)中包含两大促销管理工具，即 Promotions(优惠活动)和 Markdown(降价)。Advertising(促销广告)中包含 Promoted listing(付费推广)。

4.5.1 开设 eBay 店铺

1. eBay 店铺页面展示

开通 eBay 店铺(eBay Store)，卖家既可以拥有独特的店面设计，又能获得一定的免费刊登数量，在其他费率上也会有优惠。店铺页面展示的专业程度还会直接影响客户的去留和 Listing 转化。卖家可能会出于考虑以下几种因素来选择开通店铺。

- 免费的刊登条数。
- 刊登费和成交费的优惠。
- 能够开展打折促销和付费推广活动。
- 条理化管理 eBay 在线产品。

如图 4.44 所示，是一个完整的店铺页面展示图(没有借助任何第三方工具)，由七大板块构成。

(1) Billboard(店铺 Banner)：尽量用于突出卖家店铺的主打概念、产品或针对性的促销优惠活动。

(2) Logo(店铺标志)：如果有品牌商标，尽量用商标作为店铺 Logo。

(3) Store Name(店铺名称)：可和账户名称保持一致。

(4) Store Description(店铺介绍)：告知买家卖家店铺的服务、产品或者活动。

(5) Featured Items(主打产品)：放置账户中的明星热卖产品。

(6) Store Category(店铺分类)：对店铺中的物品进行分类，买家也可更方便地通过不同分类快速找到所需物品。

(7) All Listing(所有产品)。

图 4.44　eBay 店铺页面展示

2. 登记使用 eBay 店铺

eBay Store 的设计旨在协助专业卖家在 eBay 及互联网上缔造更高的业绩。只要按时缴交月费，卖家便能存取 eBay 商店工具，并利用这些工具来建立、管理、推广及追踪销售业务。工欲善其事，必先利其器，卖家在开通 eBay 店铺前，应确保符合下列要求。

- 拥有 eBay 卖家账户，并已登记信用卡资料。
- 信用评价必须为 5 分或以上。

如符合要求，便可立即开设 eBay 商店。

路径：Home>My eBay>My Account>Subscriptions>Subscribe(见图 4.45)。

图 4.45　开设 eBay 店铺路径

(1) 卖家根据自身需求及短期目标，选取一个登记使用 eBay 店铺的等级 Select

and review。

(2) 点选需要订阅的"eBay 店铺"和付款方式后，可在 Store Name 文本框中填入店铺名称，单击 Submit order 按钮(见图 4.46)。

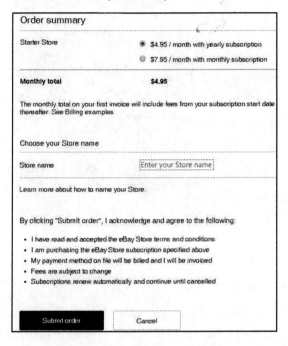

图 4.46　填写 eBay 店铺名称

小贴士：

① 请选择可立即让买家知道卖家销售何种物品的店铺名称。例如：使用"贝氏计算机"比使用"斑马公园"更能让买家直观地了解售卖的商品品种。当买家寻找商品种类时，搜寻引擎也会较容易找到店铺。

② 如果要使用英文店铺名称，须符合以下条件。

- 开头与结尾都须是英文字母或数字。
- 开头不能有连续四个或以上的英文字母。
- 不能使用如下字符：<、>或 @。
- 不能使用其他 eBay 会员的名称。
- 名称中不能包含"www"。
- 不能包含两个或以上的连续空格或非英数字字符。
- 结尾不能是网上通用的域名缩写，如.com、.net 等。
- 不得与其他受到商标法保护的公司名称相同或雷同，不得含有"eBay""PayPal"或其他近似的单字。请参阅 eBay 的 "商标和网络域名的基本知识"。

- 不能以一个"e"或"E"后跟多个单数为店铺名称。
- 不能使用其他 eBay 会员的用户 ID,也不能使用带有误导性的类似其他 eBay 会员的用户 ID。

③ 卖家可使用自己的 eBay 会员账号作为店铺名称,不违反上述规定即可。一旦使用,建议尽量不要更改,一旦变更店铺名称,买家先前建立的书签,或卖家先前建立的推广链接也将随之失效。此外,店铺在免费搜寻引擎中的排名也将归零,并被视为新成立的店铺。

4.5.2　eBay 店铺装修

eBay 店铺装修非常简单且个性化,装修店铺能吸引更多买家浏览并喜欢此店铺,同时带来更多销量。创建一个适合业务背景的店铺将会帮助卖家的店铺脱颖而出,给买家树立专业、高档的店铺形象,进而受到更多买家的关注和喜爱,大幅提高市场核心竞争力。

1. Store Categories (店铺分类)设置

eBay 店铺装修的路径：Account>Manage My Store>Store Design。

(1) 单击 Store Categories 进入管理店铺分类页面(见图 4.47),即可开始设置店铺刊登物品分类。店铺刊登物品的分类可让物品更有条理,买家也可更方便地通过不同分类快速找到所需物品。店铺刊登物品的分类将会出现在店铺的左侧导航栏中。

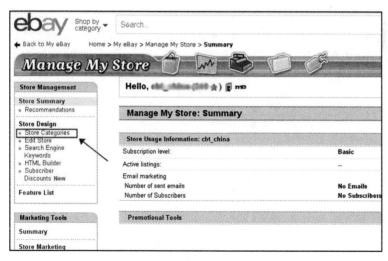

图 4.47　管理店铺分类页面

(2) 单击右上方的 Add Category 按钮,新增店铺刊登物品主分类(见图 4.48)。

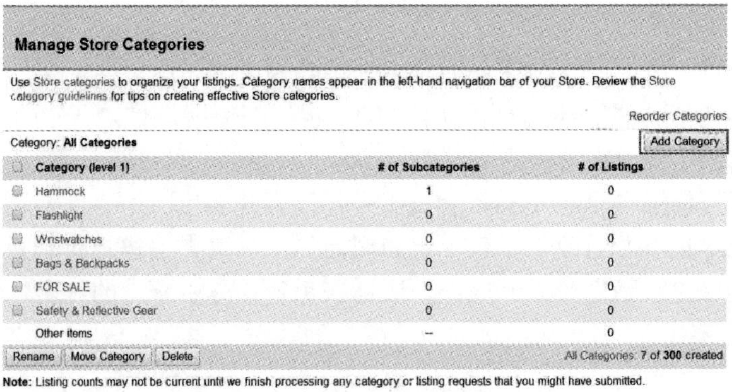

图 4.48　新增 eBay 店铺物品主分类

(3) 创建主分类：在 Add Store Category 页面的 Category Name 文本框中输入主分类名称，如需添加更多主分类，可单击下方的 Add more categories，主分类名称不能超过 30 个字符(一个英文字母为一个字符)。

(4) 创建子分类：在管理店铺分类 Manage Store Category 页面中单击主分类名称，进入主分类页面，单击主分类管理列表右上方的 Add Category，可新增子分类，子分类名称也不得超过 30 个字符。

如果子分类下还需添加三级分类，可参照添加子分类的步骤，单击需要添加三级分类的子分类，在需要编辑的子分类页面进行即可。店铺分类最低可设置到三级类目，上限 300 个类目。

(5) 类目排序：分类添加完成后，可在 Manage My Store 页面单击分类管理列表右上方的 Reorder Categories 对分类进行排序(见图 4.49)。可以通过 Alphabetical order (按字母顺序)或 By number of listings(按刊登物品数量顺序)，也可选择 Manual order(手动排序)(见图 4.50)。

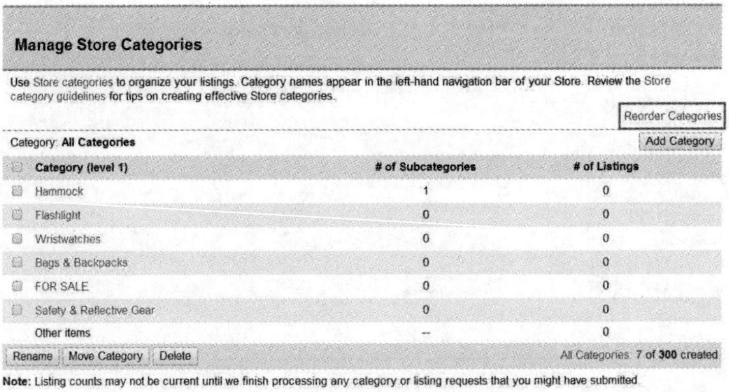

图 4.49　eBay 店铺类目排序设置-1

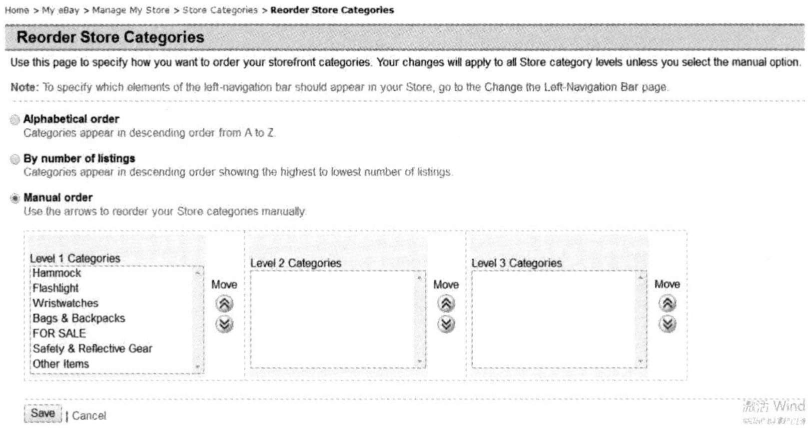

图 4.50　eBay 店铺类目排序设置-2

(6) 类目展示：可通过 Reorder Store Categories 页面右上方的 Change the Left-Navigation Bar 对店铺分类展示进行设置，可以选择只展示一级分类，或者多级分类一起展示。

2. 店铺 Banner、店铺标志 Logo 及店铺介绍 Store Description 设置

店铺 Banner 作为店铺的门面，可以帮助卖家突出店铺的主打产品和买家群体，明确消费定位。同时也可以让客户第一眼就能得知卖家想要做什么、有什么活动，或者商品有多少优惠等。

操作路径：

(1) 进入 Manage My Store，单击 Edit Store，进入 Billboard，单击 add image 按钮即可上传图片，图片不能超过 12MB，像素为 1200px×270px。

(2) 进入 Manage My Store，单击 Edit Store，进入 Logo，将鼠标指针放上去，右侧会出现 Add image，单击即可上传，图片不能超过 12MB，像素为 300px×300px。

(3) 进入 Manage My Store，单击 Edit Store，进入 Store Description，在其文本框中输入店铺介绍，控制在 1000 字符以内。

3. 主打产品 Featured Items 及所有产品 All Listing 设置

(1) 进入 Manage My Store，单击 Edit Store，进入 Featured Listing，单击 Select listing，可自动选择卖家需要推荐的物品。最多可同时选择店铺中的四条产品作为 Feature Listing 进行展示，且如果卖家的在线产品小于 30 条，该功能不会展现。

(2) 可在 Select how you want us to automatically display your featured listings 下的复选框中点选推荐刊登物品的默认显示方式。点选 time ending soonest 可默认显示刊登时间快结束的推荐物品，点选 time newly listed 可以默认显示新刊登的推荐物品。

(3) 卖家同样可以通过勾选 Featured Listing、Don't show featured listings on my

Store page even when I have 30 or more listing 选项，选择不在店铺页面展示 Featured Listing。

(4) 进入 Manage My Store，单击 Edit Store 中的最后一项 Select the layout in which items are displayed in your Store，可以通过 List(列表式)和 Gallery(平铺式)两种方式来显示卖家店铺中的在线产品。

4.5.3 降价管理 Markdown

Markdown(降价)，直接以百分比或减金额的形式进行打折设置。
(1) 选择打折主题和时间。
(2) 选择折扣力度。
(3) 选品。该选品规则里面可以设置选择所有一口价产品或拍卖产品，但对拍卖产品做打折的话，必须是免邮的。
(4) 发布推广。如图 4.51 所示设置降价管理。

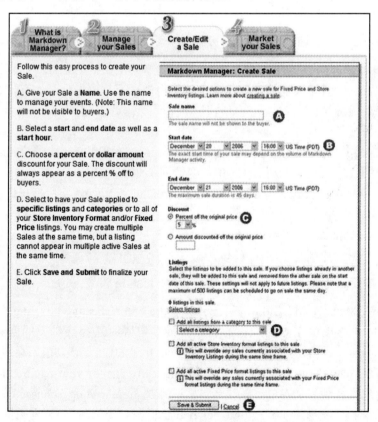

图 4.51　设置降价管理

4.5.4 优惠活动 Promotions

Promotions(优惠活动)中可以通过四种形式进行优惠设置：Order discount(订单优惠)、Shipping discount(物流优惠)、Codeless coupon(优惠券)以及 Sale event(特价活动)。

1. Order discount(订单优惠)

Order discount(订单优惠)操作简便，可用于促销整个店铺物品或者某些分类，也可选定一组物品进行促销；当卖家的部分产品或者分类中的利润空间接近时，推荐使用"扩大订单"；对于经常进行价格调整的物品，建议使用价格百分比作为折扣类型。

(1) 设置优惠类型(见图 4.52)，卖家可以选择自己想要进行打折产品的分类，并明确打折的目的是 Introduce new items(新品介绍)、Attract buyers at peak shopping times(吸引买家眼球)、Move older items(清库存)。

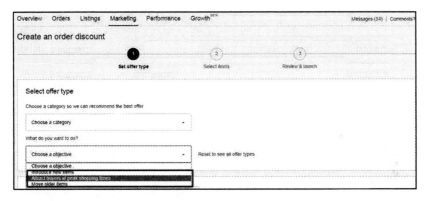

图 4.52　订单优惠类型

eBay 会根据卖家的分类以及打折的目的，推荐合适的打折活动形式(见图 4.53)。主要是通过消费金额、订单笔数进行百分比的优惠或者是直接降价。

图 4.53　打折活动形式

(2) 选择需打折的产品。

Select items：直接进入 Listing 页面或者通过输入物品号、SKU 选择产品，最多可选 500 件物品。

Create rules：通过 eBay 类目或者店铺分类以及库存状态来设定选品的规则，无产品上限(见图 4.54)。

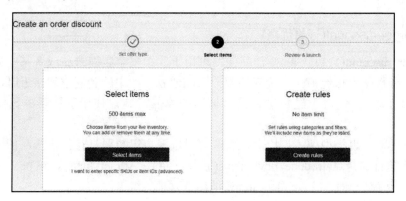

图 4.54　选择需打折的产品

(3) 设置好打折标题和打折起始时间，预览确认无误，即可发布。如图 4.55 所示订单优惠预览页面。

图 4.55　订单优惠预览页面

小贴士：
① 打折标题尽量要明确打折的力度以及主题，直观刺激买家的购买欲望。
② 同类产品放在一起打折。
③ 尽量挑浏览量、销量高的产品进行打折，更易出爆款。
④ 对于单价低的产品，建议做买满立减的活动，刺激买家多下单，提高订单金额，从而达到降低物流成本的效果。
⑤ 对于高单价产品，多以百分比的优惠活动为主。
⑥ 同一个产品打折的周期最好控制在 10 天内。

2. Shipping discount(物流优惠)

(1) Set offer condition and choose promotional shipping service with respective ship costs(根据不同的条件，设置运费的优惠或者物流服务的升级)，如图 4.56 所示。

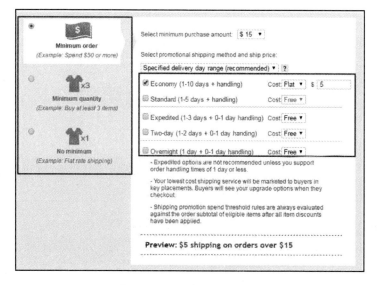

图 4.56　设置物流优惠条件

(2) Choose qualifying items for your offer(选产品)。
- Restrict inventory by rules(限定规则)：可以选取整个店铺产品或者通过 eBay 分类、店铺分类来选择目标产品。尽量用 inclusion rule(包含规则)来选品。
- Restrict inventory by SKUs(SKU 选品)：卖家自己设置 custom labels 来选目标产品。
- Restrict inventory by Item IDs(物品编号)：直接输入需做活动产品的物品编号即可，如图 4.57 所示。
- Describe the items that are eligible for the offer(定打折标题)：该标题会展示给买家，需慎重，如图 4.58 所示。

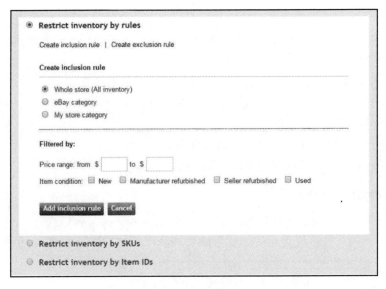

图 4.57 选产品

图 4.58 填写打折标题

- Schedule your offer(选择发布时间)：该部分的 title 不会展示给买家，如图 4.59 所示。

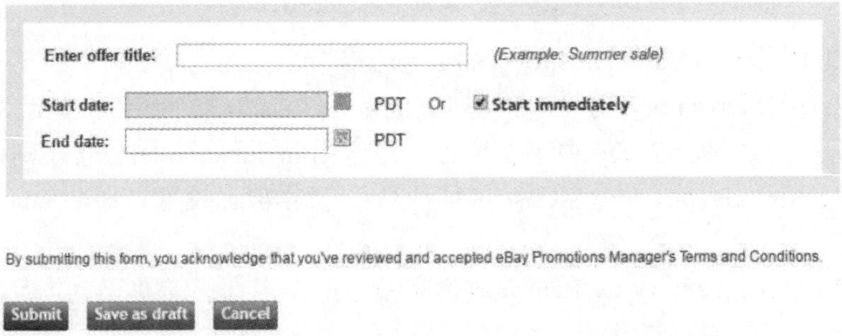

图 4.59 选择发布时间

- Add a picture to improve promotion of your offer(添加促销图片)：尽量选用白底高清的图片，但该图片不会展示在促销界面，如图 4.60 所示。

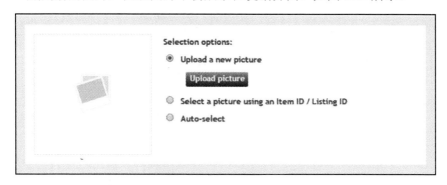

图 4.60　添加促销图片

- Offer Priority(设置优先级)：建议卖家设置，避免同一个产品出现在多种打折活动中，造成折上折，影响销售利润，如图 4.61 所示。

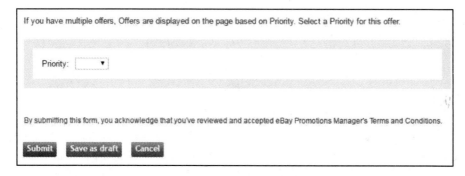

图 4.61　设置优先级

- Submit(发布)：确认无误后，即可发布该优惠。

3. Codeless coupon (优惠券)

设置步骤和 Order discount(订单优惠)、Shipping discount(物流优惠)两项优惠基本一致。该打折设置好之后，卖家需要把该 Codeless coupon 的优惠链接通过邮件或者是公众的一些推广平台发送给买家。收到该优惠链接的买家，通过该链接进入，即可享受到优惠。如果卖家有自己比较成熟的站外推广渠道，建议卖家可以多多使用该功能，吸粉、吸金！

4. Sale event(特价活动)

Sale event 本身不是一种打折手段，而是帮助卖家把通过 Markdown 设置的折扣优惠活动整合到一起，让买家一键就能找到卖家所有的打折产品。如果已经使用

markdown manager 对一些物品打折,可考虑创建 Sale event(降价活动)推广这些打折物品,以提高销售;打折的物品会全部自动显示在促销活动页面上;每个物品详情页上提供链接,使买家访问到整个促销活动页面。

4.5.5　付费推广 Promoted listings

eBay 推出"付费推广",以挑战传统广告模式。通过"付费推广"(Promoted listings),只有在买家点击推广商品广告并购买了相关商品的情况下,卖家才需支付广告费。在帮助 eBay 卖家有效增加商品曝光率的同时,也保证了卖家的投资回报率。

(1) 单击 Promoted listings,即进入如图 4.62 所示的页面(对于首次使用该功能的卖家)。

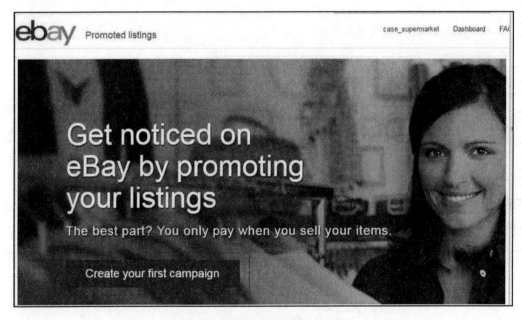

图 4.62　首次使用付费推广页面

(2) 单击 Create your first campaign(创建第一次活动),进行产品选择。单个选择 Select listings individually,最多仅能设置 500 条 listing,可直接选取产品;批量选择 Select listings in bulk,最多可设置 25000 条 listing,必须上传 CSV 格式文档,如图 4.63 所示。

设置推广的广告费比例,如图 4.64 所示。

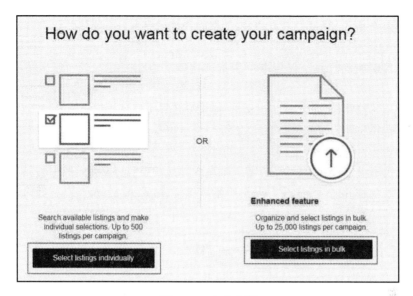

图 4.63 产品选择

图 4.64 设置推广的广告费比例

小贴士：

① Trending rates 是指同类目下目前市场上卖家设置的平均推广费率情况，单击 Apply trending rates 即可应用推荐费率。

② 可以统一设置所有产品的付费推广比例，也可针对单个产品设置不同的费率，拖动蓝色小圆圈即可。

③ 经付费推广售出的产品，eBay 收取的广告费是：产品单价×推广比例，不包含运费。

④ 付费退款的产品不仅仅取决于推广比例，也和产品本身的售出情况、账户表现、买家搜索的相关性等综合因素有关，所以卖家不要盲目选择最大比例，建议参照 eBay 提供的比例趋势，而且选择自己有销量和流量的产品。

⑤ 订购 US 站点高级店铺的卖家每个季度可享用 eBay 赠送的 25 美元推广费抵用金，US 站点的优秀评级卖家可获得每个季度 30 美元的补贴。如果卖家在 US 站点是优秀评级卖家并且订购了高级店铺，则享受每季度高达 55 美元的付费推广补贴。

设置活动名称和时间，如图 4.65 所示。该 Campaign name(活动名称)不会展示给买家。

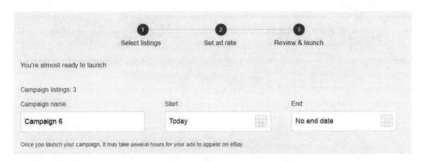

图 4.65　设置活动名称和时间

单击发布。设置成功之后，Listing 在买家的搜索结果页面会出现 SPONSORED 的字样，如图 4.66 所示。

图 4.66　付费广告发布成功页面

做完付费推广后，卖家可以回到 Promoted listings 界面，查看所有或单个经过付费推广的产品在过去 30 天内的各项指标情况。如图 4.67 所示为付费推广产品指标示例。

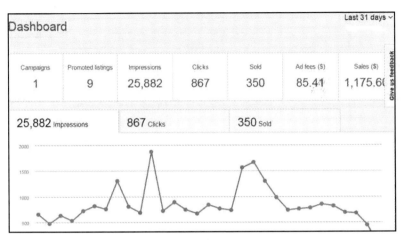

图 4.67　付费推广产品指标示例

- Impressions(曝光度)：物品出现在买家的搜索结果页面。
- Clicks(点击率)：买家单击查看卖家的物品。
- Sold(售出)：经过付费推广被卖出的订单笔数。
- Ad fees(广告费)：付费推广产品售出之后 eBay 收取的广告费综合。
- Sales(销量)：付费推广产品产生的销量综合。

小贴士：

① 高曝光低浏览的刊登：表示买家在列表页看到刊登但点击率不高。尝试通过优化图片质量、打折促销、海外仓发货、免运费等方法吸引买家点击。

② 高浏览低成交的刊登：表示买家查看了刊登详细页却没有购买的情况。尝试优化物品描述、更多促销、退货保障、适当使用 Best Offer 等方法提高购买率。

③ 高成交低浏览的刊登：表示刊登从浏览到成交的转化率较高，但是出现在买家的搜索结果页的机会较少。需要通过优化关键字和物品属性等方式提高曝光率。

本章总结

本章为业务拓展内容，更加深入地学习了电商运营的方法。第 4 章进阶大部分内容适用于多平台操作，请卖家结合实际情况使用。部分方式方法为根据大多数卖家的经验总结而来，在运营的过程中，相信各位会发现更多、更好的运营技巧。

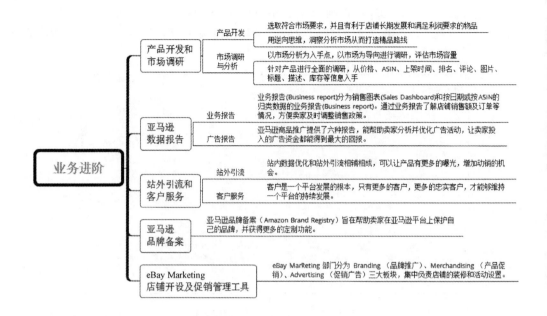

本章作业

判断题(正确的填"T",错误的填"F")

1. 亚马逊品牌旗舰店是一个针对品牌商品打造的免费自助服务。（　）
2. eBay Marketing 部门分为 Branding(品牌推广)、Merchandising(产品促销)、Advertising(促销广告)三大板块。（　）
3. 亚马逊平台有两种评价形式：Review(产品评论)和 Feedback(店铺反馈)。（　）
4. 重复刊登会浪费刊登费用和额度。（　）
5. 不论买家是否在亚马逊平台购买过该商品，都可以留下相关的 Feedback。（　）

中英文词汇表

eBay Words

US English	简体中文
eBay Community	eBay 社区
eBay Groups	eBay 圈子
eBay Marketplace	eBay 平台
eBay Stores	eBay 店铺
eBay Time	eBay 时间
eBay Toolbar	eBay 工具栏
eBay Top-rated Seller	eBay 优秀评级卖家
10-Day Duration	10 天在线
About Me	自我介绍
Accepted Payment Methods	接受的付款方式
Account Suspension	账户遭冻结/账户冻结/冻结账户
Ad Format	分类广告形式
Administrative Cancellation	系统取消出价
Announcement Boards	公告栏
Annual Volume	年度销量
Answer Center	咨询中心
Approved Shipping Carriers	认可的运送公司
Ask Seller A Question	向卖家提问
Auction	拍卖
Auction-style format listings	拍卖形式的物品刊登
Automated Unpaid Item Process	自动化出价不买处理流程
Badge on Item Page	物品页面上的标志
Best Match	最佳匹配
Best Offer	议价
Best Practices	实战手册

续表

US English	简体中文
Bid Cancellation	取消出价
Bid Increment	加价幅度
Bid Retraction	撤回出价
Bidder	出价者
Bidder Search	按出价者搜索
Bidding	竞拍/出价
Block Bidders/Buyers	出价者/买家黑名单
Bold	粗体字
Border	框线
Bulk Edit Tool	批量修改工具
Buy It Now	一口价
Buyer	买家
Buyer's Dissatisfaction	买家不满意度
Buying Experience	购买体验
Carriers	物流公司
Catalog	产品目录
Categories	分类
Category Listings	分类列表
Category Structure	物品分类结构
Changed User ID Icon	用户名变更图标
Chargebacks	信用卡退单/未经授权的付款
Claim	争议
Classified Ads	分类广告
Completed Listings (Search)	搜索已经结束的物品
Cross Merchandising	连带物品推广
Customs, Duties and Tax	报关费、关税及税项
Delivery Confirmation	送达确认
Detailed Seller Ratings	卖家服务评级
Disclaimer	免责声明

续表

US English	简体中文
Discussion Boards	讨论区
Dispute Console	纠纷平台
Domestic Buyer/Seller	本地买家/卖家
DSR - Communications DSR	沟通方面的卖家服务评级（DSRs)
Dutch Auction (Multiple Item Auction)	荷兰式拍卖(多数量物品拍卖)
eBay AdCommerce	广告服务
Eligible Transactions	符合条件的交易
Excessive Shipping Charges Policy	过高的运费和包装费政策
Exposure	曝光
Visibility	曝光率
Featured First	分类首页推荐位
Featured Plus	当前页推荐位
Feedback	信用评价
Feedback Profile	信用评价页面
Feedback Score	信用度
Feedback Star	信用评价星级
Final Value Fee	成交费
Fixed Price	定价
Free Shipping	免运费
Gallery	橱窗展示位
Gallery Plus	橱窗展示大图
Gift Services	礼品服务
GMV	总销售额
Good 'Til Cancelled	长期在线物品
Groups	圈子
Guest Buying	访客购买
Guides	指南
Handling Time	处理时间
High Performing Titles	出色的物品标题

续表

US English	简体中文
Highlight	高亮显示
Home Page Featured	首页推荐位
ID Verified	通过身份认证
Immediate Pay	立即付款
Impression	浏览次数
Insertion Fee	刊登费
International Site Visibility	多站点曝光
Inventory	库存
Item	物品(件)
Item as described	物品与描述相符
Communication	沟通
Item Condition	物品状况
Item Description	物品说明
Item Specifics	物品属性
Items Not Received Claims	"物品未收到"投诉
Keywords	关键字
List in Two Categories	同时刊登于两个物品类别
Listing Designer	页面魔法师
Listing Format	刊登形式
Listings	物品(条)
Media	媒体
Member	用户
Motors Local Classified Ad	本地汽车分类广告
Motors Local Market listing	本地汽车市场物品
Motors National listing	全国汽车物品
Multiple Item Auction	多数量物品拍卖
My Messages	收件箱
New Listing Icon	新刊登物品图标
New Member/User Icon	新会员/用户图标

US English	简体中文
Online Auction Format (Auction-Style Listing)	在线拍卖方式(拍卖方式物品)
Out of Stock	缺货
Payment Details	付款说明
PayPal Buyer Protection	PayPal 买家保障
Picture Icon	图片图标
Policy Compliance	政策遵守度
PowerSeller Icon	超级卖家标志
PowerSeller Status	超级卖家身份
Pre-Approve Bidders/Buyers	预先核准的出价者/买家
Privacy Policy	保密政策
Private Auction Listing	保密拍卖物品
Pro Pack	专业套餐
Product	产品
Product Details	产品资料
Product Page	产品页
Real Estate Ads Listing	不动产广告刊登方式
Refurbished	翻新
Registered Member/User	注册会员/用户
Registered Site	注册账户的站点
Relevance	关联
Relist Tools	重新刊登工具
Relisting	重新刊登
Research Results	搜索结果
Reserve Price	底价
Resolution Center	纠纷调解中心
Reasonable Shipping	合理的运费
Restocking Fees	退货手续费
Return Policy	退货政策
Return Shipping	退货的运费

续表

US English	简体中文
Reviews	评论
Same Day Turn-around	即日运送
Scheduled Listings	设定刊登时间
Search and Browse Manipulation Policy	操纵搜索&浏览规则
Search Standing	刊登搜索排名
Search Visibility Tool	提升物品曝光率工具
Second Chance Offer	额外的成交机会
Secure Server	安全服务器
Secure Sockets Layer (SSL)	安全套接层(SSL)
Security Center	安全中心
Sell Similar Item	出售类似物品
Seller Checklist	卖家清单
Seller Dashboard	卖家成绩表
Seller Reporting Hub	检举问题页
Seller Search	按卖家搜索
Seller's Return Policy	卖家的退换货政策
Selling Manager	售卖专家
Selling Manager Pro	专业版售卖专家
Selling Practices Policy	销售操守政策
Selling Preferences	销售偏好设定
Sell-through rate	卖出率
Shill Bidding	虚假出价
Shipping and Handling Charges	运费和包装费
Shipping Calculator	运费计算器
Shipping Charges	运费
Shipping Time	运送时间
Significantly Not As Described Claims	"物品与描述不符"投诉
Site Preferences	网站偏好设定
Specific Keywords	具体的关键词

续表

US English	简体中文
Start Price	起始价
Title	标题
Subtitle	物品副标题
Title Search	按标题搜索
Terms and Conditions	条款及细则
Time Zone Converter	时区换算器
Top-rated Sellers	优秀评级卖家
Track your shipments	追踪你的邮件
Trackable Service	可追踪的服务
Tracking Confirmation	追踪确认
Tracking Information	邮件追踪数据
Unpaid Item/Unpaid Item Case	出价不买物品/出价不买物品纠纷
Unpaid Item Assistant	出价不买物品小帮手
Unpaid Item process	出价不买处理流程
User Agreement	用户协议
User ID	用户名
Want It Now	我最想要

Category naming

US English	简体中文
Antiques	古董
Quilts	被褥
Science & Medicine	科学及医学
Quack Medicine	假药
Collectibles	收藏品
Mining	矿业
Books	书籍
Coins & Paper Money	钱币及纸币
Clothing, Shoes & Accessories	服装、鞋及配件

续表

US English	简体中文
Dancewear	舞蹈服装
Men's / Women's Accessories	男装/女装配件
Neckwear	领饰
Men's Belt Buckles	男装腰带扣
Women's Belt	女装腰带
Custom Item Specifics	个性化的物品属性
Men's Clothing	男装
Sleepwear	睡衣
Stocks	袜子
Underwear	内衣
Wedding Apparel & Accessories	结婚服饰及配件
Veils	面纱
Tiaras	新娘头饰
Hair Accessories	头饰
Boys' Attire	男童装
Linens, Fabrics & Textiles	尼龙、布料及纺织品
Computing & Networking	计算机及网络
Electronics	电子产品
Pro Audio	专业音响
Stage Lighting & Effects	舞台灯光及效果
Home & Garden	家居与园艺
Holidays, Cards & Party Supply	假期、卡及派对用品
Greeting Cards, Holiday Décor, Party Supplies	贺卡、假期装饰、派对用品
Inside the Home	室内用品
Wedding Supplies	结婚用品
Motors	汽车
Golf Carts	高尔夫球车
Golf Carts Parts	高尔夫球车零件
Sporting Goods	体育用品

续表

US English	简体中文
New Vehicle Models	新汽车模型
Wheels, Tires & Parts Category	车轮、轮胎及零件类别
Musical Instruments	乐器
Pro Audio Equipment	专业音响器材
Amplifiers, Speakers and Mixers	扬声器、扩音机及混音器
Pottery & Glass	陶器及玻璃
Publications	出版刊物
Sports Mem, Cards & Fan Shop	体育纪念品、纪念卡及爱好者商店
Video Games	电视游戏
Internet Games	网络游戏

参 考 文 献

[1] 海猫跨境编委会. Amazon 大卖家[M]. 武汉：华中科技大学出版社，2017.
[2] 易静，蒋晶晶. 跨境电商实务操作教程[M]. 武汉：武汉大学出版社，2017.
[3] 崔敏. 跨境电子商务操作实务[M]. 北京：中国商务出版社，2015.
[4] 陈祎民. 跨境电商[M]. 北京：中国铁道出版社，2016.
[5] 电子商务研究中心. 2017 年度中国出口跨境电商发展报告，http://www.100ec.cn
[6] 电子商务研究中心. 2018(上)中国跨境电商市场数据监测报告，http://www.100ec.cn